SAINT-CYR.

(1686.— 1859.)

PAR

Victor **PELLEGRIN**,

Lieutenant au 41.e de ligne,

Répétiteur de topographie à l'Ecole impériale militaire de Saint-Cyr.

VERSAILLES,
IMPRIMERIE DE CH. DUFAURE, RUE DE LA PAROISSE, N.° 21.
—
1859.

VILLAGE DE SAINT-CYR-L'ÉCOLE.

A une lieue environ, à l'ouest de Versailles, sur la route de Chartres, au pied des côteaux où commencent les plaines de la Beauce, on rencontre le village de Saint-Cyr; situé dans le val de Gallie, il faisait autrefois partie du grand parc de Versailles. S'il faut en croire la légende, Saint-Cyr devrait son origine aux circonstances suivantes.

C'était vers les premiers siècles de l'ère chrétienne, les empereurs Dioclétien et Maximilien, venaient de faire publier leurs édits contre les Chrétiens. Le gouverneur de la province d'Icone, Domitien, se montra plein de zèle et d'ardeur pour leur entière exécution.

Une femme très belle, nommée Julithe, d'une des meilleures familles du pays, non moins illustre par sa piété que par sa foi, prit la fuite avec son fils Cyr, tout jeune encore et ses deux servantes, espérant échapper ainsi à la haine de ses persécuteurs. Sa retraite ayant été bientôt découverte, Julithe tenant dans ses bras son enfant, qui de crainte et de terreur se cachait dans le sein de sa mère, se laissa conduire, résignée d'avance à la mort, devant le tribunal du juge Alexandre (1). A toutes les questions qui lui furent adressées, elle ne cessa de répondre: Je suis chrétienne, jamais je ne sacrifierai aux idoles.

Le juge irrité ordonne aux bourreaux d'arracher l'enfant d'entre les bras de sa mère et d'appliquer à la question la malheureuse femme.

Julithe étendue sur le chevalet, les bras et les jambes liés, sous le fouet des bourreaux cherchait son enfant, rien que son enfant qui pleurait. Le gouverneur touché de sa beauté, se le fit apporter pour calmer ses cris; mais quel qu'effort que l'on fit pour lui ôter la pensée de sa mère, l'enfant portait toujours les yeux sur elle, et bégayait : Je suis chrétien! Ses pleurs, ses cris, le courage inébranlable de Julithe, au milieu d'atroces tortures, poussèrent à bout la patience du chef païen. Dans un moment de brutalité inouïe et de cruauté sauvage, il saisit le petit Cyr par un pied et le jette du haut de son tribunal contre terre (1).

Au milieu de la terreur générale qu'inspire ce crime monstrueux, devant ce cadavre palpitant, Julithe brisée de douleur et de désespoir, remercie le ciel d'avoir donné à son fils, avant elle, la couronne du martyre.

Mais rien ne peut ébranler la constance de la Sainte. Furieux, exaspéré, le gouverneur ordonne que cette femme soit décapitée, et le corps de son fils jeté avec le sien dans le lieu où l'on exposait ceux des criminels après l'exécution... Le lendemain, à la nuit tombante, les deux servantes qui avaient abandonné leur maîtresse, recueillirent les corps des deux martyrs et les portèrent en terre sainte : c'était le 16 juillet de l'an 305.

Quelques chrétiens épars, instruits du fait, se réunirent et fondèrent une petite colonie sous les auspices du martyr, qu'ils adoptèrent pour patron, et dont le nom fut donné au village qu'ils élevèrent.

Pendant longtemps, le village ne fut composé que de quelques maisons de paysans, auprès desquelles vinrent s'établir plus tard, l'abbaye des Bénédictines dite Notre-Dame-des-Anges, fondée dit-on par Dagobert (2), et le château du seigneur, dont le possesseur était en 1685, le marquis de Saint-Brisson Seguier.

C'est sur l'emplacement du château démoli que s'éleva bientôt la maison royale de Saint-Louis.

---

(1) On peut voir dans l'église Saint-Gervais, à Paris, dans une chapelle dédiée à Sainte-Julithe un magnifique tableau de M. Heim, représentant le martyre de la Sainte. Cette toile a obtenu une des grandes médailles d'honneur à l'Exposition universelle de 1855. Il fut fait en 1849 et donné par la ville à cette paroisse.

(2) Cette abbaye a été détruite pendant la révolution. On ne la connaît aujourd'hui dans le village que sous le nom de Ferme-des-Anges. Le fronton de la grande porte représente un vestige d'écusson avec deux anges assez bien conservés pour supports. Cette propriété appartient en partie à une communauté religieuse, les Maristes, qui voulurent y fonder, il y a quelques années, une maison d'éducation, ce projet paraît abandonné. Il existe encore un beau parc et quelques pièces d'eaux.

---

(1) Dans les admirables peintures murales de l'église Saint-Vincent-de-Paule à Paris, M. Hippolyte Flandrin a reproduit cette scène!.. Quelle expression, quel regard! Toute la vie de la Sainte est là.

PLAN DE LA MAISON DE SAINT LOUIS
ST CYR

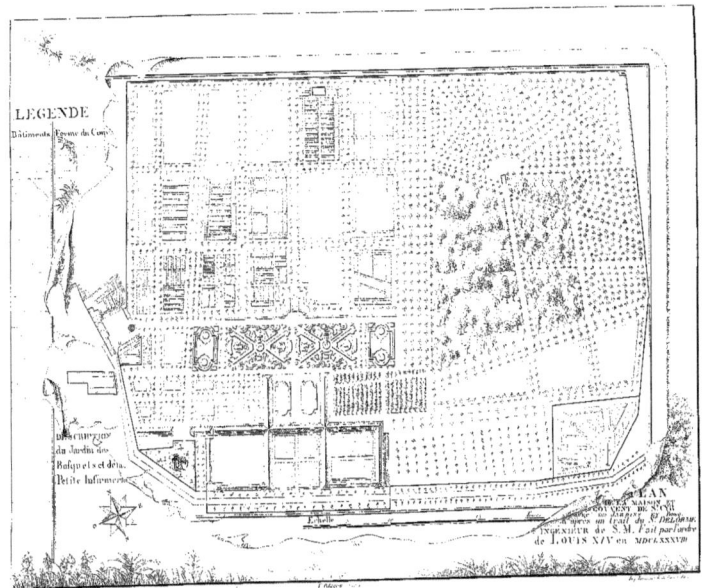

Reproduction au 3 du Plan original

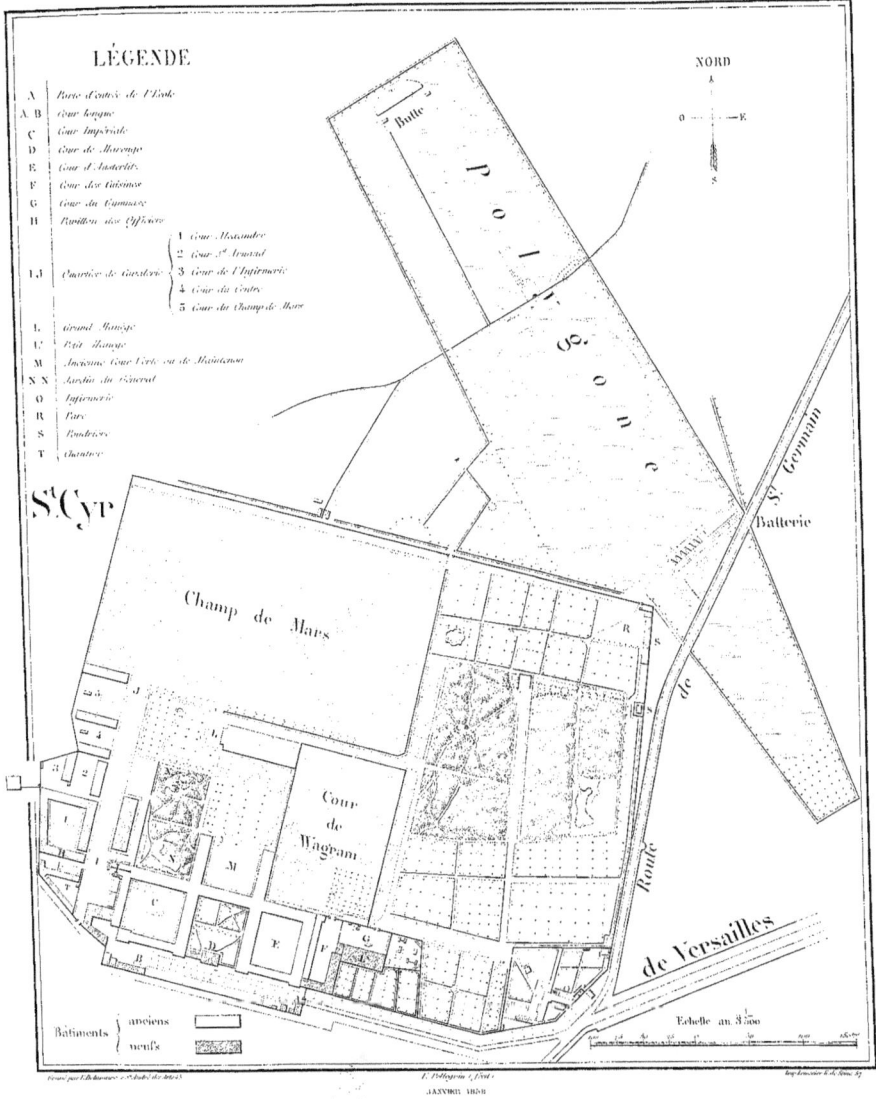

PLAN
de la
MAISON ROYALE DE SAINT-LOUIS
A SAINT-CYR.

1686.

PLAN
de
L'ÉCOLE IMPÉRIALE SPÉCIALE MILITAIRE
DE SAINT-CYR.

1859.

La Maison de Saint-Cyr se divisait et se divise encore en douze corps de bâtiments principaux formant :

Cour Longue ou d'Entrée, avant-cour.	Cour Longue.
Cour de l'Église ou du Dehors.	Cour de Rivoli, Cour Impériale.
Cour Royale.	Cour des Archives, de la Reine, de Marengo.
Cour des Cuisines.	Cour de Monsieur, d'Austerlitz.
Cour Verte ou de Maintenon.	Cour Verte ou de Maintenon.
Deux quinconces servant de promenoir et de champ de récréation aux demoiselles.	Cour des Jeux et des Exercices, dite de Wagram, dans laquelle il existe encore une partie des quinconces.
Un grand parterre situé devant la cour Maintenon.	Grand manège.
Prairies et champs cultivés, avec des arbres fruitiers.	Champ de Mars.
Petit bois avec bosquets et charmilles dessinés et arrangés par Mansard, en 1698 (1).	Ce petit bois existe encore dans la partie centrale ; les deux extrémités ont été converties en jardins potagers.
Cimetière de la communauté.	Portion de la Grande-Rue de la cavalerie.

Cour Longue. — C'était la cour d'entrée, parallèle aux trois autres qu'elle égale en longueur ; cette cour longe la façade principale du côté sud. Elle était et est plantée encore d'une double allée d'arbres. C'était une sorte de rue intérieure aux extrémités de laquelle se trouvait une porte d'entrée et de sortie ; c'était le chemin de Versailles au village de Saint-Cyr.

Cour du Dehors.
- *Cour publique.*
- *Bâtiment nord.* Chapelle.
- *Bâtiment sud.* Rez-de chaussée : à gauche de la porte d'entrée, logements d'ouvriers, boulangerie ; à droite, trois parloirs.
  - 1.er étage : appartements de l'Évêque de Chartres et de l'Intendant du temporel.
  - 2.e étage : magasins.
- *Bâtiment est.* Écuries de madame de Maintenon ; — logement des jardiniers. En 1692 exhaussé et donné pour logement aux prêtres de la maison.
- *Bâtiment ouest.* Logement de la communauté.

Cour Royale. Interdite aux personnes étrangères à la maison.
- *Bâtiment nord.* Rez-de-chaussée : salle du chapitre, réfectoire des dames.
  - 1.er étage : classe Verte.
  - 2.e étage : dortoir Vert.
- *Côté sud.* Fermé par une grille rarement ouverte. Remplacé sous Louis XV par le pavillon actuel dit des Archives.

Cour Longue. La porte ouest a été fermée. La route a été établie en dehors du mur de clôture.

Cour de Rivoli. Ces bâtiments, sauf la chapelle qui a conservé sa destination et les parties qui sont devenues la salle de visite des élèves, sont occupés par MM. les officiers attachés à l'École, les bureaux de l'économat et du trésorier, la direction des études, etc.

Cour de Marengo.
- *Cour intérieure.*
- *Bâtiment nord.* Rez-de-chaussée : salle des collections, amphithéâtre de chimie.
  - 1.er étage : salle d'étude de l'ouest.
  - 2.e étage : dortoir d'Inkermann.
- *Bâtiment sud.* Pavillon du commandant en second.

(1) Ce fut Mansard, disent les dames, qui donna des noms à toutes les allées et aux cabinets du jardin... Allée de Versailles, Allée Solitaire, Grande-Allée, Allée des Réflexions... Allées des Rouges, des Vertes, des Jaunes, des Bleues... Bois de la Jeunesse... Allée des Dames, Banc de madame de Maintenon, etc.

Cour DES CUISINES.
- Rez-de-chaussée : cuisine, boucherie, fruiterie, boulangerie, apothicairerie.
- Cuisine pour les infirmeries, réfectoire pour les convalescentes.
- *Bâtiment nord.* { 1.er étage : classe Jaune. / 2.e étage : dortoir Jaune.
- *Bâtiment est.* { 1.er étage : lingerie, roberie. / 2.e étage : magasins.
- *Bâtiment ouest.* { Rez-de-chaussée : salle de musique, de danse. / 1.er étage : classe Rouge. / 2.e étage : dortoir Rouge.

Cour DE MAINTENON.
Elle était fermée à l'ouest et à l'est par deux ailes, prolongement des bâtiments est et ouest de la cour Royale, au sud par le bâtiment nord de ladite cour, au nord par une belle grille ouvrant sur les parterres.
- *Bâtiment ouest.* { Rez-de-chaussée : appartements de madame de Maintenon. / 1.er étage : infirmerie des demoiselles. / 2.e étage : infirmerie des dames.
- *Bâtiment est.* { Rez-de-chaussée : réfectoire des demoiselles. / 1.er étage : salle Bleue. / 2.e étage : dortoir Bleu.

Il existait à l'Ecole trois escaliers principaux :

Le premier était situé à l'angle N.-E. de la cour du Dehors, à côté du vestibule de la chapelle : c'est l'escalier conduisant aujourd'hui chez le Général.

Le deuxième, dit Grand-Escalier des élèves, situé à l'angle N.-E. de la cour Royale, à côté du vestibule du réfectoire.

Le troisième, dit de Dégagement, situé à l'angle N.-E. de la cour des Cuisines (escalier Bayard).

Les salles d'études et les dortoirs occupaient les quatre branches de la croix dont le centre était : au 1.er étage, un grand carré destiné à faciliter les mouvements, et au 2.e étage, l'emplacement où fut établi le théâtre pour les représentations d'*Esther* et d'*Athalie*.

Le point de rencontre des faîtes des bâtiments ouest et est de la cour Royale était et est encore terminé par des clochetons, dont l'un (ouest) sert d'horloge.

A l'angle N.-E. du mur d'enceinte se trouve le pavillon, aujourd'hui occupé par le garde d'artillerie, destiné, dit-on, aux visites particulières du Roi à madame de Maintenon.

Le pavillon des Officiers (quartier de cavalerie), exhaussé depuis, était la buanderie de la maison.

Quand à la chapelle, elle se divisait en deux parties principales : la première, exclusivement destinée à la communauté ; la deuxième au public. — La première a subi de nombreuses modifications ; la deuxième, ou église du dehors, dont la porte d'entrée d'abord extérieure, puis ensuite placée où elle est aujourd'hui, à l'angle N.-O. de la cour de Rivoli, se composait de l'espace compris entre la balustrade (1) de l'autel et la petite grille en fer actuelle, qui au temps des dames était une clôture très-forte en bois, avec trois grandes et belles grilles ouvertes chacune par un guichet pour la communion.

En 1807, la chapelle actuelle, coupée dans sa hauteur et séparée dans le milieu de haut en bas, formait quatre grandes pièces, savoir : au rez-de-chaussée, la chapelle où existe aujourd'hui le chœur ; à la suite une belle salle de dessin; au-dessus celle de l'armement, et dans le prolongement de celle-ci la salle de la distribution des prix, où l'on avait élevé un théâtre (2).

L'infirmerie actuelle, bien moins considérable au temps des dames, était réservée aux demoiselles atteintes de maladies contagieuses; elle se nommait infirmerie de Saint-Roch. C'est aujourd'hui l'infirmerie de l'Ecole (3).

Cour D'AUSTERLITZ.
- *Bâtiment nord.* { Rez-de-chaussée : corridor, cabinets d'interrogation, salle d'armes pour la cavalerie. / 1.er étage : salle de récréation n.° 2. / 2.e étage : dortoir de Sébastopol.
- *Bâtiment sud.* { Rez-de-chaussée : magasin. / 1.er étage : lingerie. / Le reste du bâtiment est occupé par les officiers de l'Ecole.
- *Bâtiment ouest.* { Rez-de-chaussée : amphithéâtres, salle de dessin. / 1.er étage : salle du Midi. / 2.e étage : dortoir de l'Alma (sud).
- *Bâtiment est.* { Rez-de-chaussée : salle d'armes, salle de bains. / 1.er étage : salle de récréation. / 2.e étage : dortoir de Balaclava.

Cour DE MAINTENON.
Convertie en terre labourée.
Le bâtiment ouest est occupé au rez-de-chaussée par le trésorier de l'Ecole.
Au 4.er étage par les appartements du Général.
Au 2.e étage par la bibliothèque de l'Ecole.
Bâtiment est : au rez-de-chaussée, réfectoire des élèves.
1.er étage, salle du Nord.
2.e étage, dortoir de l'Alma (nord).

---

(1) Détruite depuis.
Il existe un tableau de Jouvenet, représentant la Guérison du Paralytique et une Piété en plâtre, de Germain Pilon. (Le marbre se trouve dans l'église Saint-Paul, à Paris.)

(2) *Souvenir sur le Prytanée de Saint-Cyr*, par M. Leroi.

(3) M. Théophile Lavallée a donné dans son *Histoire de Saint-Cyr* une description très-détaillée de la maison. — Ce n'est qu'après de laborieuses et pénibles recherches, faute de documents (les seuls que l'on possède sont les plans du rez-de-chaussée de l'Ecole et le procès-verbal de la visite faite par l'Evêque de Chartres en 1692, appartenant aux archives de la Préfecture de Versailles), qu'aidé de la tradition et par une étude minutieuse des localités, le savant historien a pu, avec le présent, reconstruire le passé. — C'est à ces sources dignes de foi que nous empruntons ces renseignements généraux.

MAISON ROYALE DE SAINT-LOUIS

A SAINT-CYR.

> . . . .
> Loi, loin du tumulte, aux devoirs les plus saints,
> Tout un peuple naissant est formé par mes mains.
> Je nourris dans son sein la semence féconde
> Des vertus, dont il doit sanctifier le monde.
> Un Roi qui me protège, un Roi victorieux
> A commis à mes soins ce dépôt précieux ;
> C'est lui qui rassembla ces colombes timides,
> Épuisées en cent lieux, sans secours et sans guides,
> Pour elles, à sa porte, élevant ce palais,
> Il leur fit y trouver l'abondance et la paix.
>
> (Prologue d'ESTHER) La Piété.

C'est à une petite école de village, que la maison Royale de Saint-Louis doit son origine.

En 1680, madame de Brinon, religieuse ursuline, s'étant trouvée dans l'obligation de renoncer à la vie claustrale par suite de la ruine de son couvent, s'associa avec une de ses amies, et loua successivement à Montchevreuil, à Montmorency, à Rueil, une modeste maison où, pour subsister, elles prirent de petites filles en pension. Là, elle vit madame de Maintenon avec laquelle elle avait été autrefois liée d'amitié, et sous sa puissante protection, put donner à son établissement naissant, une importance et un développement plus grands.

Madame de Maintenon, qu'une vocation naturelle portait vers l'éducation de la jeunesse, visita souvent celles qui étaient déjà ses jeunes élèves, et de plus en plus satisfaite de la conversation et des principes de la directrice, lui envoya plusieurs demoiselles que sa bienfaisance lui faisait adopter. Elle courait à Rueil toutes les fois qu'elle pouvait se dérober de la Cour et s'occupait à suivre les pensionnaires dans leurs exercices. Cela réussit si heureusement que le Roi, « à la persuasion de madame de Maintenon et du R. P. La Chaise « de la Compagnie de Jésus, confesseur de Sa Majesté, voulut « coopérer à une si sainte œuvre, en donnant en 1684 le château « de Noisy pour les loger, et promettant de payer de plus la pension « de cent filles de pauvres gentilshommes, sur les fonds de ses au- « mônes (1). »

Louis XIV s'était vivement intéressé à cette entreprise, à cause de la pensée politique et charitable qu'elle renfermait. A l'époque la plus glorieuse de son règne, après la paix de Nimègue, la plus grande partie de la noblesse, celle de province principalement, se trouvait réduite à la misère par la guerre que la France faisait depuis 50 ans. Madame de Maintenon fit entrevoir au Roi, qu'après avoir versé son sang pour l'Etat et pour lui, les pères de familles voyaient leurs enfants, les filles surtout, exposées à la mendicité et à tous les dangers de la corruption ; qu'en les prenant sous sa protection et leur donnant une instruction supérieure, il perpétuerait l'honneur et la vertu dans les familles en attachant tous les pères à l'Etat par un nouveau lien. »

Les progrès que ces demoiselles faisaient de jour en jour, les applaudissements qu'avaient reçus cette entreprise, portèrent le Roi, après une de ses visites à Noisy, à faire de cette Maison un établissement durable et une des gloires de son règne.

Aussi, aux décrets de fondation de l'hôtel des Invalides, de création de compagnies de Cadets dans les places frontières, vint se joindre bientôt celui de l'établissement de la Maison Royale de Saint-Louis.

Dès lors on dût s'occuper activement de l'emplacement de la future maison ; car il fallut renoncer au château de Noisy, dont la situation avait déplu au Roi, et vu le manque d'eau. Le séjour de Versailles souriait à Louis XIV, à cause de la proximité de la Cour ; madame de Maintenon l'en dissuada et, cédant malgré elle aux conseils de Louvois et de Mansard, chargés de la construction nouvelle, consentit au choix inopportun (1) du village de Saint-Cyr. « L'Etablis- « sement, avaient-ils dit, sera ainsi placé à l'ombre du Trône. »

Aussi plus tard le regretta-t-elle beaucoup, car elle ne cessait de dire : « J'aurais voulu donner à mes filles une complexion forte et « une santé vigoureuse, et le mauvais choix de Maintenon m'est un « obstacle insurmontable. Je ne puis voir la méchante mine d'une de « ces pauvres enfants sans maudire cet homme. »

Sur le refus de l'abbaye des Bénédictines de céder l'emplacement de leur communauté, le duc de la Feuillade dut traiter de l'achat du château (2) appartenant au marquis de Saint-Brisson Seguier, le 14 juin 1686, au prix de 90,000 livres (3). — Mansard se mit immédiatement à l'œuvre. Mais d'après la volonté du Roi et de madame de Maintenon, tout jusqu'à l'église devait respirer un air de simplicité et de modestie plus convenable au dessein de la fondation. « Cette Royale Maison, disait madame de Maintenon, doit être pro- « portionnée à la magnificence de cet établissement. Sa beauté « néanmoins ne doit pas consister tant en ce qui pourrait orner un

---

(1) *Histoire des ordres monastiques de France*, par le P. HELYOT. — Tome 4.

(1) Pendant longtemps, les nombreux marais et les arbres qui entouraient la maison et le village de Saint-Cyr, rendirent ce séjour mal sain ; on doit au rête éclairé de M. Atoche, médecin au prytanée militaire, la salubrité dont jouit ce lieu, depuis que les marais ont été desséchés et les arbres coupés en partie. — DULAURE, *Histoire des Environs de Paris*.

(2) Le château était situé sur l'emplacement du corps de logis méridional de la cour dite autrefois des Cuisines, aujourd'hui d'Austerlitz.

(3) HURTAUT ET MAGNY. *Dictionnaire historique de la ville de Paris et des Environs*.

« édifice de cette importance qu'en la grandeur de ses bâtiments qui
« doivent être très-spacieux, cela étant nécessaire pour contenir un
« très-grand nombre de personnes. »

Commencée le 1.er mai 1685, la maison fut construite en 15 mois, grâce aux 2,500 ouvriers militaires embrigadés, qui furent campés à Versailles et à Bouviers. La dépense s'éleva à la somme de 400 mille livres (3 millions) que le Roi paya. Louis XIV fit aussi les frais de l'ameublement et chargea madame de Maintenon du soin des détails, la laissant maîtresse d'y employer telles sommes qu'elle jugerait nécessaires. On y dépensa 50 mille écus. M. de Louvois, chargé de régler la dotation, fit un mémoire où il la porta à 200 mille livres de rente ; mais le Roi le réduisit à la somme de 150 mille livres.

Cependant on préparait à Noisy, plusieurs demoiselles destinées à faire partie de la communauté des dames. De son côté, madame de Brinon, par ordre de madame de Maintenon, rédigeait des constitutions qu'elle empruntait à la règle des Ursulines, en ayant soin toutefois de la modifier, d'après ce qu'elle savait des intentions du Roi et de la Fondatrice qui ne voulaient point faire des religieuses, mais seulement une communauté de filles pieuses, capables d'élever dans la crainte de Dieu et dans les bienséances de la vie, le nombre des demoiselles prescrit par la fondation (1).

L'édit de création parut le 18 juin 1686.

« Louis, par la grâce de Dieu, etc. Comme nous ne pouvons assez
« témoigner l'affection qui nous reste de la valeur et du zèle que la
« noblesse de notre royaume a fait paraître dans toutes les occasions,
« en secondant les desseins que nous avons formés et que nous avons
« si heureusement exécutés pour la grandeur de notre État et pour
« la gloire de nos armes ; la paix que nous avons si solidement
« affermie nous ayant mis en état de pouvoir étendre nos soins
« jusque dans l'avenir, et de jeter les fondements de la grandeur et
« de la félicité de notre Monarchie ; nous avons établi plusieurs compa-
« gnies dans nos places frontières où, sous la conduite de divers
« officiers de guerre d'un mérite éprouvé, nous faisons élever un
« grand nombre de jeunes gentilshommes, pour cultiver en eux les
« semences de courage et d'honneur que leur donne leur naissance,
« pour les former, par une exacte et sévère discipline, aux exercices
« militaires, et pour les rendre capables de soutenir à leur tour la
« réputation du nom Français, et parce que nous avons estimé qu'il
« n'était pas moins juste ni moins utile de pourvoir à l'éducation
« des demoiselles d'extraction noble, surtout pour celles dont les
« pères étant morts dans le service, ou s'étant épuisés par les dé-
« penses qu'ils auraient faites, se trouveraient hors d'état de leur
« donner les secours nécessaires pour les bien élever : après l'épreuve
« qui a été faite par nos ordres du moyen d'y réussir, nous avons
« enfin résolu de former et établir une maison et communauté où
« un nombre considérable de jeunes filles, issues de familles nobles
« et particulièrement de pères morts dans le service, ou qui y
« seraient actuellement, seraient entretenues gratuitement et élevées
« en cette communauté dans les principes d'une véritable et solide
« piété, et reçoivent toutes les instructions qui conviennent à leur
« naissance et à leur sexe, suivant l'état où il plaira à Dieu de les
« appeler, pour ce qu'après avoir été bien élevées dans cette maison,
« elles puissent porter dans les provinces de notre Monarchie des
« exemples de modestie et de vertu, et contribuer, soit au bonheur
« des familles où elles peuvent entrer par mariage, soit à l'édification
« des maisons religieuses où elles se voudraient consacrer à Dieu.
« A cet effet, nous avons fait construire la Maison de Saint-
« Cyr, etc..... »

La Maison de Saint-Cyr est fondée en faveur de 250 demoiselles nobles et sans fortune. L'âge d'admission est de 9 à 12 ans; jusqu'à 20 les demoiselles doivent être gratuitement reçues, élevées, nourries et entretenues de toutes choses aux dépens de la fondation. Les conditions d'admission sont la preuve de quatre degrés de noblesse du côté paternel à compter du père (1).

La communauté sera composée de 36 dames professes et de 24 sœurs converses. Les places vacantes parmi les dames seront remplies par les demoiselles.

Les demoiselles devaient quitter la maison à l'âge de 20 ans : Madame de Maintenon informée que la plupart des demoiselles qui sortaient de Saint-Cyr se trouvaient fort embarrassées, représenta au Roi que pour rendre son œuvre plus accomplie, il serait nécessaire de leur donner une somme capable de pourvoir au moins aux nécessités les plus pressantes, et qui pût en même temps leur servir de dot, soit pour se marier, soit pour entrer en religion (2).

Le Roi accordât 20,000 livres, à raison de 20 élèves par an.

Louis XIV s'était occupé avec soin des règlements à donner à la maison. Il était même à ce sujet entré dans les plus grands détails, ne voulant pas que Saint-Cyr fût ce qu'il devint plus tard, malgré lui, un monastère dont le but était d'être plus parfait et plus régulier que les autres. « Nous voulions, dit madame de Maintenon, « une piété solide, éloignée de toutes les petitesses du couvent, « de l'esprit, un grand choix dans nos maximes, une grande élégance « dans nos instructions, une liberté entière dans nos conversations, « un tour de raillerie agréable dans la société, de l'élévation dans « notre piété et un grand mépris pour les pratiques des autres « maisons (3). » C'est pour cela qu'on décida de confier l'éducation des demoiselles à une communauté de dames non engagées par des vœux absolus ; parce que, disait encore madame de Maintenon, « une communauté engagée par des vœux solennels et complè-
« tement séquestrée du monde, donnerait aux demoiselles des ma-
« nières et une éducation de religieuse (3). » C'était aussi l'avis du P. La Chaise. « De jeunes filles seront mieux élevées par des per-
« sonnes tenant au monde. L'objet de la fondation n'est pas de mul-
« tiplier les couvents dont la plupart, inutiles à l'église, sont onéreux
« à l'État, mais de donner au pays des femmes bien élevées. Il
« y a assez de bonnes religieuses et pas assez de bonnes mères de
« familles. » Aussi le Roi fit-il donner aux dames de Saint-Louis un costume grave et modeste ; mais qui n'eut rien de monacal. Il exigea que les dames ne s'appelassent ni ma mère, ni ma sœur, mais Madame avec le nom de famille, et qu'elles portassent au cou chacune une croix d'or parsemée de Fleur-de-lys gravées, avec un Christ d'un côté et un Saint-Louis de l'autre. (Les croix sont semées de Fleurs-de-Lys pour les avertir de prier souvent pour le grand Roi qui les a fondées). Il donna en outre à la communauté des armoiries (4) qui devaient être gravées sur l'argenterie et le mobilier de la maison. Une médaille commémorative (5) fut frappée en l'honneur de la fondation.

Quant aux demoiselles, on conserva certaines règles qui avaient

---

(1) *Dictionnaire historique.*

(1) On n'en avait pas exigé du côté de la mère, à cause des mésalliances qui avaient pu exister.

(2) On ajoutait à cette dot un petit trousseau (*règlements et usages des élèves de la Maison de Saint-Louis, établie à Saint-Cyr*).

(3) Voir les règlements de la Maison de Saint-Cyr.

(4) Ces armes étaient d'azur à la croix haussée d'or, semée de Fleurs-de-Lys de même, ci sommée d'une couronne royale aussi d'or, la croisée et le bas du fût de la croix terminés chacun par une Fleur-de-Lys d'or.

(5) La médaille représente des jeunes filles de différents âges. *La Piété*, sous la figure d'une femme majestueuse préside à cette institution. La légende porte : CCC puellae nobiles sanccyrianae (trois cents jeunes filles nobles de Saint-Cyr, 1686). Elle fut, dit-on, déposée ainsi que d'autres médailles frappées en mémoire de cet événement, sous la borne qu'on pouvait voir il y a peu de temps encore, à gauche de la voûte, en passant de la cour Longue dans la cour de Rivoli. Ce fut là qu'on fut placée la première pierre de l'établissement.

déjà été pratiquées à Noisy ; elles furent partagées en 4 classes, distinguées par 4 couleurs différentes. Il y eut deux grandes et deux petites classes. Les plus jeunes, jusqu'à dix ans, eurent les rubans rouges ; à onze ans, on portait les rubans verts ; à quatorze ans, les jaunes ; de dix-sept à vingt ans les bleus (c'était la couleur du Roi). Outre ces rubans, il existait encore des rubans de distinction donnant certains privilèges. Chaque salle d'étude, chaque dortoir prit le nom et la couleur du ruban que portaient les demoiselles qui l'occupaient. Madame de Maintenon jugea aussi qu'il était convenable de leur donner un habit uniforme, qui fut simple, modeste et qui ne laissait pas d'avoir quelque chose de noble (1).

Vers la fin de l'année, les deux grands vicaires de l'évêque de Chartres, monseigneur de Villeroy, furent mandés par lui pour installer la Maison et remettre à madame de Brinon, nommée supérieure par dérogation, les constitutions qu'elle avait faites et qui avaient été lues et approuvées provisionnellement (2).

A la même époque, le Roi fit expédier à madame de Brinon, pour l'établir supérieure perpétuelle, un brevet dans lequel il marquait sa volonté de lui témoigner, par une distinction particulière, l'estime qu'il avait de sa vertu. Madame de Maintenon fut déclarée fondatrice de la communauté et un appartement lui fut réservé dans la maison pour elle et sa suite (3).

Quant à l'instruction des demoiselles, elle comprenait le catéchisme, pour lequel on devait leur *donner* une grande estime ; l'orthographe apprise simplement, la composition française, l'histoire, le calcul de mémoire, avant de leur apprendre l'arithmétique, la danse, la musique (principale récréation des demoiselles) et l'art d'agrément le plus cultivé.

Pour les travaux manuels, ils étaient fort étendus ; on y apprenait à coudre, à broder, à tricoter, à faire de la tapisserie. « Employez-« les, disait madame de Maintenon, au service de la maison ; rendez-« les ménagères et laborieuses ».

Voici quel était l'emploi de la journée à Saint-Cyr : 1.° Les demoiselles se lèvent à 6 heures ; on les éveille en leur disant : « Donnez « votre cœur à Dieu ; » et on leur porte de l'eau bénite ; elles s'habillent en silence après avoir adoré Dieu ; à 7 heures la prière, le déjeuner ; à 8 heures la messe, après laquelle elles remontent aux classes apprendre quelque chose par cœur ; à 9 heures 1/2, toutes apprennent le plain-chant ; à 11 heures, le réfectoire, récréation jusqu'à une heure. .

Lecture par la maîtresse, chant de cantiques, causerie ; à 5 heures, vêpres ; à 6 heures, le souper ; la récréation ensuite ; à 8 heures, la prière ; le coucher avant 9 heures.

Le dimanche, elles pouvaient jouer à des jeux innocents, comme jonchets, volants, dames, échecs, ou aller à la promenade (4).

Devant être de la parure et l'ornement de la Société, les jeunes filles durent soigner leur beauté, « ce don de Dieu, » disait madame de Maintenon ; on leur permit d'ajouter à leur coiffure simple, des rubans, des cordelières. Madame de Maintenon se plaisait à leur en donner elle-même à profusion, si bien qu'il y en avait qui étaient toutes garnies de rubans à la tête et au reste de leur habillement. La lecture des ouvrages contemporains, en prose ou en vers, fut autorisée. Balzac et Voiture furent leur guide comme style épistolaire : on leur apprit à bien parler, à réciter des vers, des poëmes, on s'appliqua à former leur esprit par tous les exercices propres à leur inspirer cette politesse qui n'est point incompatible avec le monde. Mais en leur montrant les choses essentielles et nécessaires, on ne négligea pas de leur apprendre celles qui peuvent servir à polir l'esprit et à former le jugement. « On a imaginé « pour cela plusieurs moyens, qui, sans les détourner de leur tra-« vail et de leurs exercices ordinaires, les instruisent en les di-« vertissant. On met pour ainsi dire à profit leurs heures de ré-« création en leur faisant réciter et déclamer par cœur les plus « beaux endroits des meilleurs poëtes (1). »

On lit dans un Recueil laissé par madame de Caylus, intitulé : *Mes Souvenirs* (2) : « Madame de Brinon aimait les vers et la co-« médie, et au défaut de pièces de Corneille et de Racine qu'elle « n'osait faire jouer, elle en composait de détestables, à la vérité. » Madame de Maintenon voulut voir une des pièces de madame de Brinon, elle la trouva telle qu'elle était, c'est-à-dire si mauvaise qu'elle la pria de n'en plus faire jouer de semblables et de prendre plutôt quelques belles pièces de Corneille et de Racine, en choisissant celles où il y aurait le moins d'amour. Ces petites filles représentèrent *Cinna* assez passablement ; elles jouèrent aussi *Andromaque*, après la représentation de laquelle madame de Maintenon écrivit à M. Racine : « Nos petites filles viennent « de jouer votre *Andromaque*, et l'ont si bien jouée qu'elles ne la « joueront de leur vie ni aucune de vos pièces. » Dans la préface d'*Esther*, Racine dit : « La plupart des plus excellents vers de notre « langue ayant été composés sur des airs fort profanes et capables « de faire des impressions dangereuses sur de jeunes esprits , « on me demanda (3) si je ne pourrais pas faire sur quelques sujets « de piété ou de morale une espèce de poëme où le chant fût mêlé « de récit…. Je leur proposai le sujet d'*Esther*…. » « Madame de Maintenon en fut charmée, ajoute madame de Caylus, et sa modestie ne put l'empêcher de trouver dans le caractère d'*Esther* et dans quelques circonstances de ce sujet, des choses très-flatteuses pour elle.

Esther fut représentée, un an après la résolution qu'avait prise madame de Maintenon, de ne plus laisser jouer de pièces profanes à Saint-Cyr. (1689.)

On représenta *Esther* tout l'hiver, et cette pièce qui devait être renfermée dans Saint-Cyr (4), fut vue plusieurs fois du Roi et de toute la Cour, toujours avec les mêmes applaudissements (5).

On y porta, dit madame de Lafayette, un degré de chaleur qui ne se comprend pas ; car il n'y eut ni petit ni grand qui ne voulût y aller.

Madame d'Estrées, dit Louis Racine dans les Mémoires sur son père, qui n'avait pas loué *Esther*, fut obligée de se justifier de son silence comme d'un crime.

Le grand succès d'*Esther* mit Racine en goût ; il voulut composer une autre pièce, et le sujet d'*Athalie* lui parut le plus beau de tous ceux qu'il pouvait tirer de l'Écriture-Sainte. Mais Madame de Maintenon reçut tant d'avis et de représentations des dévots, qu'elle fit venir à Versailles une fois ou deux les actrices

---

(1) Pour le costume des dames et des demoiselles, les renseignements ont été pris dans les *Ordres monastiques* du P. Helyot, tome IV ; dans les *Règlements de Saint-Cyr*, etc.

(2) *Dictionnaire historique*.

(3) Cet appartement est occupé par le trésorier de l'École militaire. Il se composait de trois petites chambres. On y voit encore les boiseries anciennes et une partie de l'armoire treillagée en laiton qui servait de bibliothèque à madame de Maintenon.

(4) *Règlements et usages des classes de la Maison de Saint-Louis*.

(1) Racine, Préface d'*Esther*.

(2) Mademoiselle de Murçay, fille de M. le marquis de Villette, épousa M. le comte de Caylus. M. le Marquis de Villette était petit-fils d'Artemise d'Aubigné, fille de Théodore-Agrippa d'Aubigné.

(3) Même lettre de madame de Maintenon.

(4) « Je n'espérais guères que la chose fût aussi publique qu'elle l'a été. » Racine, Préface d'*Esther*.

(5) Sur la représentation d'*Esther*, à Saint-Cyr. Voir l'*Histoire de la Maison de Saint-Cyr* (M. Th. Lavallée).

pour jouer dans sa chambre devant le Roi, avec leurs habits ordinaires (1).

On doit s'étonner, à juste titre, de voir que madame de Maintenon, malgré toute sa sagesse et son bon sens, ne prévit pas en cette circonstance ce qui arriverait. Du moment où les représentations théâtrales devenaient autre chose que de simples distractions et amusements pour la classe bleue; du moment surtout où l'on permettait aux demoiselles les costumes spéciaux de la scène, tout décents, tout convenables qu'ils fussent, le passe-temps devenait dangereux. En les exposant, si pleines de charmes, de grâces, de beauté, aux regards avides et aux éloges de la Cour, était-il possible de ne pas voir que ces jeunes têtes, une fois enivrées, étourdies par l'encens de l'admiration, rêveraient, à l'exemple de quelques-unes de leurs camarades plus privilégiées, des avenirs et des positions impossibles à atteindre pour le plus grand nombre, puisque tous ces rêves dorés devaient aboutir, à la sortie de la Maison, à une place humble et modeste au foyer paternel?

Quelles illusions, quelles chimères ne durent-elles pas se créer; à quelles tentations, ces divertissements profanes ne les exposaient-elles pas? — Madame de Maintenon se réveilla comme d'un songe. S'apercevant alors que la Maison de Saint-Louis, « trop voisine « de la Cour, n'était faite que pour mettre le désordre et l'ambition « dans le cœur des jeunes filles »; elle voulut couper le mal dans sa racine, et pour commencer une réforme complète, supprima malgré l'avis du Roi, les représentations théâtrales.

« Il faut, écrivait madame de Maintenon, renoncer à nos airs « de grandeur, de hauteur, de fierté, de suffisance; il faut renoncer « à ce goût de l'esprit, à cette délicatesse, à cette liberté de « parler, à ces murmures, à ces manières de railleries toutes mondaines; enfin, à la plupart des choses que nous faisions... Nos « filles ont été trop considérées, trop caressées, trop ménagées. « Il faut les oublier dans leurs classes..... Les tenir le plus souvent en silence.... Je voudrais qu'on leur retranchât le plus de « rubans qu'il se pourra; qu'on les laisse manquer de perles et « cordelières; que, sous prétexte de froid, on ferme leur manteau « le plus possible; qu'on ne soit pas si soigneux de leur donner « des habits neufs et qu'on les laisse un peu éguenillées. (2) »

Le mal était grand, il est vrai, et exigeait un remède prompt et efficace; mais on ne devait pas, en l'exagérant, s'exposer à le rendre nuisible et à compromettre ainsi l'espoir d'un retour à un ordre de choses plus convenable, plus régulier. Cette fois encore n'était-on pas à côté du vrai? N'était-il pas plus dangereux de laisser ces imaginations déjà si exaltées à leurs pensées et à leurs regrets? La réforme ne pouvait-elle pas être introduite peu à peu, au fur et à mesure du renouvellement des *grandes*?

Aussi, qu'arriva-t-il? Passant sans transition mesurée d'une vie mondaine à une vie toute claustrale, d'ennuis, de dégoûts, de tracasseries de tous les instants, responsables d'une faute qu'on leur avait fait commettre, trois demoiselles de la classe bleue tentèrent un jour d'empoisonner leur maîtresse, en mêlant de la ciguë dans son potage et dans sa salade (3).

On ne s'arrêta pas là; pour expier le passé on punit l'avenir, et l'on ne crut la réforme complète qu'en changeant la Maison royale d'éducation de Saint-Louis en monastère régulier; malgré la répugnance du Roi, malgré ses refus, madame de Maintenon sut obtenir ce premier changement en 1692; plus tard en 1707, elle décida, pour

(1) *Souvenirs de madame de Caylus.*

(2) Th. LAVALLÉE, *Histoire de la Maison de Saint-Cyr.*

(3) *Mémoires sur la Maison Royale de Saint-Louis,* bibl., MSS. — Supplément F, 2004.

des raisons de convenance qu'elle fit apprécier à Louis XIV, que les dames prendraient l'habit religieux et prononceraient des vœux éternels. La plupart des dames y consentirent, mais avec quelle tristesse, avec quels regrets!... Elles prirent pendant un an le simple habit des novices, après avoir été en plein chœur, devant toute la communauté dépouillées de leurs manteaux, de leurs voiles, de leurs croix d'or. Il y eut bien des larmes de douleur, bien que le P. Héliot dise que les dames de Saint-Cyr supplièrent Sa Majesté de les autoriser à demander au pape Innocent XII, un bref pour leur accorder ce changement; voulant, donnent-elles pour raison : « tendre à une plus « haute perfection et consacrer toute leur vie à l'éducation des « demoiselles. »

L'évêque de Chartres, Godet Desmarets, fut commis par Sa Sainteté, et c'est lui qui présida cette triste cérémonie.

Un an après, parurent de nouvelles constitutions de Monseigneur de Chartres pour les dames de Saint-Louis. L'an 1695, madame de Maintenon fit encore un règlement et un petit traité ayant pour titre : l'*Esprit de l'Institut des Filles de Saint-Louis,* qui fut imprimé à Paris, l'an 1699. Le Roi, après avoir lu ce traité, en fut si satisfait qu'il voulût lui-même y donner son approbation par ces paroles qu'il y écrivit de sa propre main. « J'ai lu ce traité qui explique parfai- « tement mes intentions que j'ai eues dans la fondation de la Maison « de Saint-Louis; je prie Dieu de tout mon cœur que les Dames n'en « départissent jamais. »

Quant à l'éducation des demoiselles, elle fut restreinte à ce qui parut indispensable; et si elles apprirent encore la musique, c'est que le Roi aimait à entendre dans sa splendide chapelle de Versailles, ces chœurs de voix jeunes et fraîches mêler ses louanges à celles de Dieu.

Les jeunes élèves n'étaient plus citées comme des modèles de grâce, d'esprit, d'instruction. « Consolez-vous, disait-on riant la « maîtresse des jaunes, nos filles n'ont plus le sens commun. » Chaque année qu'on venait pour la sortie et l'arrivée de nouvelles élèves, c'était un peu de bruit intérieur, un peu d'agitation, un peu de mouvement, puis la maison retombait dans son calme monastique.

Saint-Cyr n'était plus à la mode, et la France n'avait plus les yeux sur lui. Les désastres de la fin du règne de Louis XIV; les malheurs publics, la guerre, la famine, l'épidémie qui moissonna tant de belles jeunes filles, furent sous ce règne les derniers événements de l'histoire de Saint-Cyr. Le Roi y fit encore de fréquentes visites, mais le temps n'était plus, où à son entrée à la chapelle, deux cent cinquante voix entonnaient cet hymne d'allégresse auquel la musique de Lully avait donné un caractère indicible de majesté (1).

Grand Dieu, sauvez le Roi !
Grand Dieu, vengez le Roi !
Vive le Roi !
Que toujours glorieux,
Louis victorieux
Voie ses ennemis, toujours soumis!

Après la mort du Roi et de madame de Maintenon, la Maison de Saint-Louis perd de son importance.

Le Régent y porta cependant un grand intérêt : « C'était un pro- « tecteur accompli pour notre Maison » disent les dames; aussi sa mort y fut-elle douloureusement ressentie.

Pendant quelque temps on put se croire aux beaux jours passés, Louis XV encore enfant y vint plusieurs fois. Une de ses visites s'y

(1) On prétend que ce chant eut une singulière fortune. Le musicien Hændel l'ayant entendu dans une visite qu'il fit à Saint-Cyr, le copia et le donna comme son œuvre au Roi d'Angleterre qui l'adopta et en fit le chant national des Anglais : *God save the king.*

fit en grande pompe ; elle eut lieu après l'arrivée de l'Infante d'Espagne, qu'à l'exemple de la duchesse de Bourgogne, on élevait à Saint-Cyr pour devenir plus tard Reine de France.

Ce ne fut qu'une lueur d'espoir. Les évènements politiques, le ministère du duc de Bourbon, le mariage du Roi avec Marie Leczinska, en attirant ailleurs l'attention du Gouvernement, firent déchoir encore d'un degré la Royale Maison.

Cependant la bonne et pieuse Reine la protégea de son mieux, mais sans influence, sans autorité, que pouvait-elle !... Elle vint souvent faire ses dévotions à Saint-Cyr où l'attiraient encore les bonnes causeries avec les dames, et les promenades dans le parc, dont les allées solitaires et touffues lui paraissaient pleines de charmes.

Sa mère, la reine de Pologne, pendant l'absence de Stanislas, y habita pendant trois ans l'appartement de sa fille.

En 1731, Marie Leczinska voulut faire jouer *Esther*, mais le prestige n'existait plus.

Le Roi n'y vint que rarement ; cependant, malgré le peu d'affection qu'il avait pour Saint-Cyr, malgré les méchants conseils de son entourage, il respecta le royal Établissement de son aïeul. — Il ordonna même de grandes réparations matérielles à la Maison, et en augmenta les ressources.

Vers cette époque (15 janvier 1756), on reprit pour le Dauphin et la Dauphine les représentations théâtrales. Racine le fils organisa et dirigea toute la mise en scène dans l'ancienne salle qu'on avait conservée. — Le 22 mars 1756 on joua *Athalie* devant la Reine (1). Quelques visites de Princes, des prises de voile vinrent seules encore de temps en temps rompre la monotone existence de Saint-Cyr.

Sous Louis XVI, on s'en occupa encore moins, malgré l'affection toute particulière que le Roi portait à l'Institut de Saint-Louis.

L'anniversaire de la fondation fut célébrée en grande pompe, en 1786. Ce fut à l'occasion de cette fête séculaire, que des hommages publics furent rendus à la mémoire de madame de Maintenon, dans un discours prononcé à Saint-Cyr par M. François, prêtre de la Mission.

Trois ans après la Révolution éclata.

Changé d'abord en Maison nationale d'éducation, Saint-Cyr fut bientôt, comme toutes les maisons religieuses, supprimé par décret de l'Assemblée législative du 16 août 1792. Ses biens furent déclarés nationaux ; les religieuses eurent une pension de retraite, et les élèves reçurent chacune, pour retourner chez elle, 20 sols par lieue, jusqu'à l'endroit de leur résidence.

Parmi elles se trouvait alors, à la veille d'achever son éducation, la demoiselle Marie-Anne de Buonaparte (2) qui, née en 1777, était entrée à Saint-Cyr en 1784 (3). Son frère, Napoléon de Buonaparte, qui venait d'être nommé capitaine d'artillerie à l'armée de la Moselle, commandée par Dumouriez, mettant de côté toute considération personnelle, céda aux sollicitations de sa mère alarmée de l'état des choses, et vint chercher à Saint-Cyr, sa jeune sœur tout éplorée, pour la ramener en Corse.

La Maison de Saint-Cyr ne fut complétement évacuée que le 1.er avril 1793.

Le 13 brumaire an II, un hôpital militaire y fut établi qui prit, ainsi que la commune, le nom de Val-Libre.

Les nouveaux possesseurs de l'ancienne Maison Royale de Saint-Louis, pour l'approprier à sa nouvelle destination, ne trouvèrent rien de plus commode et de plus facile que de tout détruire, tout anéantir. Les appartements des dames furent démolis, les jardins, les pièces d'eau, les bosquets, les magnifiques allées, la chapelle avec sa belle grille, la tribune royale, tout fut dévasté. Les tombes furent violées ! On coupa la chapelle en deux étages pour les malades !

Par arrêté du Directoire, en date du 17 messidor an VI, l'hôpital militaire de Saint-Cyr fut supprimé et converti en une succursale des Invalides ; le 22 nivôse an VIII, les Invalides de Saint-Cyr furent transférés à Versailles.

La Maison fut réservée pour cet usage jusqu'en 1800, époque à laquelle, sur la proposition de Lucien Bonaparte, ministre de l'intérieur, le Premier Consul fonda le Prytanée Français, dans le but de recevoir, non-seulement les enfants des militaires morts au champ d'honneur, mais encore ceux de tous les hommes ayant rendu des services à la patrie dans toutes les classes de la société (1).

D'abord simple collège, il dut à une visite de l'Empereur, qui avait des vues sur lui, une transformation complète (2).

En 1806, après la bataille d'Iéna, l'Empereur, profitant de l'esprit militaire du Prytanée, fit sortir 70 élèves en qualité de fourriers, les envoya à Berlin rejoindre leurs régiments, et les nomma sous-lieutenants après la campagne de 1807. (*Décret daté de Schœnbrunn.*) Bien que, de ce moment, les études fussent plus spécialement dirigées vers la carrière militaire, malgré les noms d'un grand nombre d'hommes illustres qui en sont sortis (le maréchal Baraguey-d'Hilliers, le général Aupick, etc.), le Prytanée militaire n'était réellement qu'une école préparatoire : l'École militaire spéciale était ailleurs.

La Maison de Saint-Cyr resta Prytanée militaire jusqu'au 24 mars 1808 ; à cette époque fut rendu ce décret de l'Empereur :

« 1.° A dater du 1.er juin prochain, le Prytanée de Saint-Cyr
« sera transféré au collège de la Flèche.

« 2.° Au 1.er juillet prochain, l'École militaire de Fontainebleau
« sera transférée à Saint-Cyr. »

---

(1) Extraits des *Mémoires du duc de Luynes*, communiqués par MM. Dussieux et Soulié.

(2) Plus connue sous le nom d'*Elisa*, depuis, Grande-Duchesse de Toscane, Princesse de Lucques et de Piombino.

(3) Lettres patentes concernant la cession du royaume de Corse à la France, par la République de Gênes (Compiègne, 5 août 1768). Déclaration du Roi pour l'admission des demoiselles nobles de Corse à la Maison Royale de Saint-Louis, à Saint-Cyr, à charges par elles de faire les preuves de noblesse prescrites par la déclaration du 5 mars 1774. — Versailles, 13 avril 1777.

---

(1) Décret du 13 fructidor an XIII, daté du camp de Boulogne.

(2) *Souvenirs sur le Prytanée de Saint-Cyr*, par feu M. Leroi, ancien élève du Prytanée, ex-trésorier de l'École militaire.

MADAME DE MAINTENON,

née en 1635, morte en 1719.

CI-GIT

Très-haute et très-puissante dame,
Madame Françoise d'Aubigné, marquise de Maintenon,
Femme illustre, femme vraiment chrétienne;
Cette femme forte, que le Sage cherche vainement dans son siècle,
Et qu'il nous eût proposée pour modèle
S'il eût vécu dans le nôtre.
Sa naissance fut très-noble.
On loua de bonne heure son esprit, plus encore sa vertu.
La sagesse, la douceur et la modestie
Formaient son caractère, qui ne se démentit jamais.
Toujours égale dans les différentes situations de la vie:
Mêmes principes, mêmes règles, mêmes vertus.
Fidèle dans les exercices de piété,
Tranquille au milieu des agitations de la Cour,
Simple dans sa grandeur,
Pauvre dans le centre des richesses,
Humble au comble des honneurs,
Révérée de Louis-le-Grand,
Environnée de sa gloire,
Autorisée par la plus intime confiance,
Dépositaire de ses grâces,
Qui n'a jamais fait usage de son pouvoir
Que pur sa bonté.
Une autre Esther dans la faveur,
Une seconde Judith dans la retraite et l'oraison.
La mère des pauvres,
L'asile toujours sûr des malheureux.
Une vie si illustre a été terminée par une mort sainte
Et précieuse devant Dieu.
Son corps est resté dans cette maison,
Dont elle avait procuré l'établissement.
Elle a laissé à l'univers l'exemple de ses vertus.
Décédée le 15 avril 1719; née le 28 novembre 1635.

Cette pompeuse épitaphe, œuvre de l'abbé Vertot, fut gravée sur la dalle de marbre noir dont les mains des demoiselles de Saint-Cyr couvrirent ses dépouilles mortelles.

Que reste-t-il de ce temps d'autrefois? Rien que le souvenir. Et cependant, tel est le prestige des grandes choses, des grandes renommées, qu'on ne peut s'empêcher aujourd'hui, en visitant cette chapelle, pleine de solitude et d'une tristesse si éloquente, de faire un retour vers le passé.

Arrêtez-vous devant ce monument funèbre qu'une pensée pieuse fit élever, et peu à peu se déroulera devant vos yeux, comme un spectacle magique, la vie de cette femme si louée, si maudite, si calomniée!

Vous la verrez tout enfant, jouant dans les prisons de Niort ou du Château-Trompette, à Bordeaux, n'ayant dès le berceau, pour répondre à ses premiers sourires, que les larmes de sa mère. Son père, Constant d'Aubigné, était fils d'Agrippa d'Aubigné, le célèbre écrivain protestant, serviteur si dévoué d'Henri IV. Quel père! tour à tour faussaire, traître à sa patrie, renégat, débauché, faux monnayeur, criblé de dettes, après avoir entraîné dans sa misère sa malheureuse femme, Jeanne de Cardillac, Constant d'Aubigné expiait alors dans les prisons de Niort, sa vie de honte et d'infamie. C'est là que Jeanne, qui avait déjà eu un fils (1), mit au monde celle qui, après avoir subi les épreuves les plus pénibles, mené l'existence la plus humble, devait un jour devenir l'épouse de Louis XIV.

En 1639, ayant obtenu sa grâce, d'Aubigné partit pour la Martinique avec toute sa famille. Ses affaires prenaient déjà une face plus heureuse, lorsque sa passion pour le jeu le plongea de nouveau dans la dernière détresse.

Obligée de quitter les colonies après la mort de son époux, pour venir disputer à des collatéraux avides quelques restes d'héritage paternel, madame d'Aubigné, sans appui, sans ressources, revint en France vers 1645.

Madame de Villette accueillit avec empressement sa nièce, la jeune Françoise d'Aubigné, et se chargea de son éducation. Malheureusement la mode était déjà aux conversions; madame de Villette, de la religion réformée, éleva naturellement dans la foi de ses pères, cette enfant catholique confiée à ses soins. Sur la prière de madame d'Aubigné, une de ses parentes, madame de Neuillant, catholique zélée, et voulant, dit madame de Caylus, « faire sa cour à la Reine-Mère », se chargea de ramener Françoise dans le sein de l'Église et la mit au couvent. Mais il fallut deux ans de luttes, de rigueurs, de mauvais traitements, de pénitences les plus sévères, pour obtenir de cette enfant, profondément attachée déjà à ses nouvelles croyances, son abjuration.

Repoussée alors par madame de Villette, élevée par charité aux Ursulines, auxquelles madame de Neuillant s'était lassée de payer sa pension, mademoiselle d'Aubigné se retira en Poitou auprès de

---

(1) Madame d'Aubigné eut deux fils, dont l'un mourut en bas âge, et l'autre, Charles d'Aubigné, né en 1634, épousa, en 1678, Geneviève Piètre, fille d'un procureur du Roi de la ville de Paris. Il eut de ce mariage une fille que madame de Maintenon éleva comme la sienne. Madame de Maintenon la maria en 1698, au comte d'Ayen, fils du maréchal de Noailles, et lui donna en cette occasion sa terre de Maintenon, qui appartient encore à cette famille.

sa mère qui y vivait d'une modique pension de 200 livres. Peu de temps après madame d'Aubigné y mourut de misère et de douleur.

La pauvre orpheline, à peine âgée de 14 ans, d'une beauté remarquable, se renferma dans une petite chambre pour y pleurer sa mère, la seule et véritable amie qu'elle eût au monde. Pendant plusieurs mois, elle dut accepter pour vivre quelques travaux d'aiguille.

Madame de Neuillant, malgré son extrême avarice, son indifférence, son mauvais vouloir, ne put se dispenser, dans la crainte du blâme public, de recevoir chez elle la jeune Françoise ; mais ce fut pour lui faire éprouver toutes les amertumes de la dépendance la plus absolue.

Vers cette époque, le poëte Scarron avait été privé de la pension de 1,500 livres qu'il recevait comme malade de la Reine-Mère, pour avoir voulu transformer sa chambre et le bureau d'esprit qu'il y tenait en cercle séditieux, et avoir étourdiment déserté la cause de Mazarin. Un logement qu'on lui avait promis, lui échappa de même avec la faveur de la Cour. Sûr de l'obtenir, il avait déjà donné congé de son appartement de la rue des Douze-Portes, si bien que le jour où la disgrâce vint le frapper, il ne sut vraiment où il trouverait un gîte.

Il s'établit rue des Saints-Pères, en hôtel garni, à l'hôtel de Troie. Scarron se trouva là, dans le voisinage, d'autres disent sous le même toit que madame de Neuillant, arrivée depuis peu à Paris avec sa mère.

Notre poëte, toujours aventureux et d'humeur voyageuse, ayant appris le séjour de mademoiselle d'Aubigné aux Iles, avait désiré la connaître et causer avec elle ; aussi avait-il fait prier madame de Neuillant de la lui présenter. Celle-ci, heureuse et fière de la beauté de sa parente, s'empressa de la conduire chez Scarron, où se réunissait la bonne compagnie de Paris.

Bientôt, on ne parla plus que de la jeune Indienne ; c'est ainsi que l'avait baptisée le chevalier de Méré, homme d'un esprit vain et plein d'affectation. Après quelques visites chez Scarron, mademoiselle d'Aubigné attirée vers lui, par la sympathie et l'intérêt qu'il lui témoignait, confia au poëte ses ennuis et ses chagrins. Touché de la pénible situation de sa jolie voisine et de ce qu'elle avait à souffrir de madame de Neuillant, Scarron résolut d'y mettre fin par tous les moyens en son pouvoir.

Ayant à choisir entre sa tante « protectrice marâtre », le couvent ou le mariage avec un cul-de-jatte, sans conseil, sans expérience, sans famille, prévoyant bien que Scarron ne serait jamais pour elle qu'un père et qu'un ami, mademoiselle d'Aubigné aima mieux l'épouser qu'un « couvent. » — « Vous savez, écrivait-elle plus tard à son frère, que je n'ai jamais été mariée. » « C'était, disait-elle ailleurs, une union où le cœur entrait pour peu de chose et le corps pour rien (1650). Au milieu de la société licencieuse et dissipée que fréquentait son mari, madame Scarron sut se conduire avec un tact, une prudence et une telle habileté, qu'elle se concilia l'estime et l'admiration de tous. Aussi, à son lit de mort, ce vieillard déraisonnable, qui avait pourtant su apprécier le mérite de sa femme et reconnaître en elle un esprit supérieur, et pour lequel, de son côté, elle eut tant de reconnaissance et d'attachement, lui dit : « Je « vous prie de vous souvenir quelque fois de moi ; je vous laisse « sans biens, la vertu n'en donne pas. Cependant, soyez toujours « vertueuse (2). »

---

(1) *Paris démoli*, Edouard Fournier.

(2) Dans une des chapelles latérales de Saint-Gervais, à Paris, se trouve une porte masquée dans la boiserie du fond, donnant entrée dans une petite chapelle funèbre. Elle fut construite, dit-on, par ordre de madame de Maintenon à la mémoire du poëte qui y fut inhumé; au-dessous de l'autel, on peut voir les armes des Noailles et des d'Aubigné.

Madame Scarron avait 26 ans à la mort de son mari. Sa beauté se trouvait dans le plus grand éclat ; elle pleura de cœur ce généreux protecteur de sa jeunesse. Malheureusement, tout le mobilier de Scarron ayant été saisi pour payer quelques dettes, elle retomba dans le dénuement le plus complet. Obligée de se retirer au couvent des Hospitalières de la place Royale, où la maréchale d'Albret lui avait prêté la chambre qu'on y réservait pour ses retraites, elle y vécut un peu de la charité publique, la pension que son mari recevait de la Reine s'étant éteinte avec lui. « Tout le monde m'a « offert ses services, disait madame Scarron, et personne ne m'en a « rendu. » Il est vrai que « cette charmante malheureuse, » comme l'appelaient ses amis, ne voulait être à charge à personne, et son orgueilleuse pauvreté recevait mal les aumônes connues de tant de gens.

Malgré sa misère profonde, malgré les propositions de fortune qui lui furent faites et les poursuites dont elle fut l'objet, madame Scarron parait être restée vertueuse. La Reine-Mère, Anne d'Autriche, ayant eu connaissance de cette détresse, si noblement supportée, ordonna de donner à la veuve du poëte une pension de son mari, augmentée de 500 livres.

Tout en menant, chez les Hospitalières de la place Royale, une existence retirée et presque religieuse, madame Scarron n'avait pas pour cela renoncé au monde où elle avait conservé quelques relations intimes. Elle faisait même de fréquentes visites aux personnes qu'elle y connaissait. Néanmoins, elle ne put demeurer longtemps dans cette maison, dont elle enfreignait par là les règles intérieures, et loua dans le quartier du marais un petit appartement (1666).

Au souvenir de ce temps là, madame de Maintenon disait à sa chère élève, mademoiselle d'Aumale : « Je n'ai jamais passé de « temps plus heureux : je n'avais ni chagrin, ni ennui, j'étais libre. « J'allais à l'hôtel d'Albret ou à celui de Richelieu, sûre d'y être « bien reçue et d'y trouver mes amis rassemblés ou de les attirer « chez moi. »

A cette époque, ceux-ci regrettant de la voir dans une position aussi modeste et aussi précaire, cherchèrent à la marier avec un homme de la Cour, riche et débauché ; mais, sur son refus, ils s'éloignèrent d'elle, à l'exception du maréchal d'Albret et de Ninon de Lenclos.

Mais ces jours tranquilles et à l'abri du besoin ne devaient pas être de longue durée pour madame Scarron. A la mort de la Reine-Mère, sa pension fut de nouveau supprimée.

Après bien des amertumes, bien des déceptions, madame Scarron consentit, malgré son déplaisir de quitter la France, à suivre en Espagne la princesse de Nemours, qui allait épouser le Roi de Portugal, Alphonse VI.

En faisant ses adieux à madame de Thianges, elle la pria instamment de la présenter à la belle Athénaïs de Mortemart, duchesse de Montespan, sa sœur, dame d'honneur de la Reine. « Que je « n'aie pas à me reprocher, écrivait madame Scarron le 30 juin 1666, « d'avoir quitté la France, sans avoir revu la merveille! »

Madame de Montespan, toute puissante auprès de Louis XIV et appuyée par le maréchal de Villeroi, fit rendre à madame Scarron sa pension et l'empêcha par ses instances de donner suite à son projet. Elle continua donc de demeurer dans sa petite maison de la rue des Tournelles. Madame de Montespan, maîtresse (1) inavouée du Roi, désirait trouver une personne tout à la fois capable de garder un secret et de diriger une éducation. Ayant pensé à madame Scarron, elle lui fit proposer de prendre les enfants qu'elle avait eu de Louis XIV et de les élever. Celle-ci refusa d'abord et n'accepta

---

(1) Madame de Lavallière était encore maîtresse en titre.

que lorsqu'elle sût que c'étaient réellement les enfants de Sa Majesté, et encore d'après l'avis de son confesseur et à la prière du Roi (1669).

A cette époque, madame de Sévigné écrivait à sa fille madame de Grignan : « Nous soupâmes hier chez madame Scarron...., nous « causâmes fort...., nous trouvâmes plaisant d'aller la ramener à « minuit au fin fond du faubourg Saint-Germain, quasi auprès de « Vaugirard, dans la campagne (1). » C'était en effet dans ce lieu retiré que madame Scarron , dans l'isolement le plus complet, n'ayant autour d'elle que les nourrices et quelques domestiques, élevait à l'insu de tout le monde les enfants de Louis XIV et de sa favorite.

« Le personnage de madame de Maintenon, dans ces circons- « tances, nous semble assez étrange et peu digne de la réputation « de vertu sévère qu'elle ambitionnait , mais les idées de cette « époque n'étaient nullement les nôtres. Le poste de gouvernante « des enfants du Roi était regardé non comme une dégradation , « mais comme une faveur (2). » Elle écrivait elle-même à l'abbé Gobelin : « Cette sorte d'honneur singulier m'a donné des peines « et des soins infinis. » Les enfants ayant été reconnus en 1673, madame Scarron dut aller vivre auprès de madame de Montespan. Bientôt, par jalousie et connaissant les préventions que Louis XIV avait contre elle, celle-ci lui suscita d'insupportables tracasseries.

« Je déplaisais fort au Roi, a dit depuis madame de Maintenon ; il « me regardait comme un bel esprit à qui il fallait des choses su- « blimes, et qui était très-difficile à tous égards (3). » Cependant le Roi, en voyant de plus près madame Scarron, reconnut qu'il l'avait mal jugée ; aussi, pour réparer ses torts envers elle, autant que pour récompenser les peines excessives qu'elle avait eues pour élever le duc du Maine, dont l'enfance maladive et un malheureux accident avaient nécessité tant de veilles et de voyages pénibles , lui fit-il présent de 100,000 francs.

Mais bientôt dégoûtée de cette existence pleine d'ennuis et de luttes, sympathisant de moins en moins avec madame de Montespan, madame Scarron, sur un mot humiliant de Louis XIV, songea à se retirer de la Cour. Elle acheta à cet effet, au mois de décembre 1674, au prix de 240,000 livres (4), somme qu'elle tenait des libéralités du Roi, la terre de Maintenon, qui fut érigée en marquisat et dont elle dut porter le nom et le titre...

L'étoile de madame de Montespan commençait à pâlir. Effrayé par les prédications de la semaine sainte de l'année 1675, le Roi résolut de se séparer de madame de Montespan. Mais la chaîne était difficile à rompre ; après une absence de quelques mois Louis XIV revint chez elle. Son empressement, ses soins n'étaient plus les mêmes, il est vrai ; il n'y venait que parce qu'il était dans ses habitudes d'y venir, et surtout pour y causer avec madame de Maintenon, dont l'absence lui faisait éprouver un ennui et une contrariété qu'il ne pouvait dissimuler. D'ailleurs, dans cet intervalle, madame de Ludre et ensuite mademoiselle de Fontanges avaient su captiver le Roi, dont le cœur savait si difficilement résister à une passion nouvelle. Aussi, en butte aux scènes jalouses de ses diverses favorites, ne trouvant le repos qu'auprès de madame de Maintenon, c'était toujours auprès d'elle qu'il se réfugiait : « On me « mande que les conversations de Sa Majesté avec madame de « Maintenon ne font que croître et embellir. Il n'aborde plus la « dame sans crainte et sans respect ; les Ministres lui rendent la « cour que les autres lui font. Elle lui fait connaître un pays tout

« nouveau, je veux dire le commerce de l'amitié et de la conver- « sation sans chicanes et sans contrainte (1). »

La situation de madame de Maintenon auprès de madame de Montespan devenant intolérable, le Roi, pour la tirer de toute dépendance, au mariage du Dauphin (1680), nomma madame de Maintenon seconde dame d'atours de la Dauphine.

L'influence de madame de Maintenon sur l'esprit du Roi était telle à ce moment que, sur ses instances, Louis XIV qui délaissait complètement la Reine se rapprocha d'elle. Madame de Maintenon sut lui faire comprendre que se devait de ne pas oublier plus longtemps envers sa femme les convenances et les égards auxquels elle avait des droits si légitimes. Aussi Marie-Thérèse, reconnaissante envers madame de Maintenon, du rôle conciliateur qu'elle remplissait auprès du Roi, proclamait hautement son estime et l'affection qu'elle ressentait pour elle.

Le 1.er novembre 1682, madame de Maintenon écrivait à madame de Saint-Geran : « La famille royale vit dans une union parfaite « et tout à fait édifiante ; le Roi s'entretient des heures entières « avec la Reine. Le don que la Reine m'a fait de son portrait, est « tout ce qu'il y a de plus agréable pour moi depuis que je suis « à la Cour. C'est dans mon esprit une distinction infinie. Madame « de Montespan n'a jamais rien eu de semblable. »

Madame de Maintenon ne jouit pas longtemps de son œuvre ; la Reine expira dans ses bras le 3 juillet 1683. Après ses funérailles, la Cour partit pour Fontainebleau (2). « Pendant ce voyage, dit « madame de Caylus, la faveur de madame de Maintenon parvint « au plus haut degré... » L'ambition longtemps contenue dans le cœur de madame de Maintenon prit-elle dès ce moment son essor ; la pensée d'épouser le Roi l'éblouit-elle au point qu'il ne pouvoir résister à ses aveux ; il faut le croire ainsi, car Louis XIV, dont la résolution était de ne point se remarier, mais que les scrupules de conscience réveillés par madame de Maintenon, empêchaient de reprendre la vie de désordre d'autrefois, fit part à Louvois d'un projet de mariage secret devant, selon lui, concilier des intérêts si opposés. Celui-ci le conjura d'y renoncer ; mais ce fut en vain.

« Le Roi, par le conseil du P. Lachaise, épousa secrètement « madame de Maintenon, au mois de janvier 1686, dans une petite « chapelle qui était bout de l'appartement occupé depuis par « le duc de Bourgogne. L'archevêque de Paris, Harlay de Chan- « valon, leur donna la bénédiction ; le confesseur y assista. Mont- « chevreuil et Bontemps, premier valet de chambre, y furent « comme témoins (3). » Il n'y a plus aujourd'hui d'incertitude que sur la date positive du mariage. Saint-Simon et madame de Caylus pensent qu'il fut célébré dans l'hiver qui suivit la mort de la Reine.

D'après les lettres de madame de Maintenon, M. Th. Lavallée croit pouvoir lever la difficulté et affirmer que le mariage dût avoir lieu dans les derniers mois de 1684 (4). Le fait n'en est pas moins avéré et hors de doute, quoi qu'on n'en puisse apporter aucune preuve matérielle. Car, dans un discours prononcé par l'abbé Grimauld, au Val-de-Grâce, à la vêture d'une demoiselle de Saint-Cyr, à qui le Roi avait donné une place dans l'abbaye, le prédicateur déclare hautement, devant toute l'assemblée, madame de Maintenon l'épouse du Roi (5).

---

(1) Lettre du 4 décembre 1673.
(2) Th. Lavallée, — Histoire de la Maison royale de Saint-Cyr.
(3) XI.e Entretien.
(4) Madame de Maintenon, par le duc de Noailles.

(1) Madame de Sévigné, Lettres à sa fille, 5-9 juin, 17 juillet 1680.
(2) Th. Lavallée, Histoire de la Maison de Saint-Cyr, p. 17.
(3) Voltaire, Siècle de Louis XIV, ch. XXVII.
(4) Lettres édifiantes, t. 1, Lettre LXIV.
(5) Mercure, de novembre 1705, p. 6. Ce fait important ne nous semble n'avoir pas encore été cité.

On lit dans les *Lettres édifiantes*, à propos du récit d'une journée de madame de Maintenon à Versailles : — « Le Roi me dit, vous n'en « pouvez plus, n'est-ce pas? couchez-vous. Je le fais donc; mes « femmes viennent, mais je sens qu'elles gênent le Roi, qui se con-« traint pour ne pas parler devant elles, de sorte que je me dépêche « souvent jusqu'à m'en trouver mal. Enfin me voilà dans mon lit. « Je renvoie mes femmes. Le Roi s'approche et demeure à mon « chevet jusqu'à ce qu'il aille souper... » N'est-ce pas un aveu de madame de Maintenon. — Une autre fois, à Saint-Cyr, en causant avec madame du Perou, elle dit que « les liens qui l'unissaient au « Roi étaient sacrés. »

A l'encontre de tant de personnages célèbres qui cherchent à expliquer dans de longs mémoires leur conduite et leurs actions à la postérité, madame de Maintenon, insoucieuse de sa renommée future, voulant au contraire servir le moins possible de point de mire aux regards et aux discours du monde, fit de constants efforts pour laisser planer du doute sur sa véritable position (1).

Dès ce moment, madame de Maintenon eut dans le particulier les prérogatives et les distinctions qui ne pouvaient appartenir qu'à l'épouse du Roi. Elle occupait au haut du grand escalier de marbre du château de Versailles, un appartement de (2) plain-pied avec celui du Roi, et se plaçait à la chapelle dans la tribune réservée à la Reine. Le Roi ne l'appelait que Madame, et par le respect qu'il lui témoignait, il en donnait l'exemple à tous.

Madame de Maintenon avait 50 ans à l'époque de son mariage : elle était belle encore. Les dames de Saint-Louis disent dans leurs mémoires qu'elle avait le son de voix le plus agréable, un ton affectueux, un front ouvert et riant, le geste naturel, la plus belle main, des yeux de feu. Le premier coup d'œil était imposant et comme voilé de sévérité : le sourire et la voix ouvraient le nuage. Saint-Simon, son implacable adversaire, en convient. Fénélon disait d'elle : C'est la sagesse parlant par la bouche des grâces. Madame de Maintenon sut garder sur son mariage le plus grand secret; tout au plus si elle le laissait deviner dans quelque circonstance importante.

Louis XIV n'observait pas la même discrétion. A plusieurs reprises il ne s'en cacha point ; ainsi, un jour d'été, le duc d'Orléans étant entré chez le Roi, le trouva en déshabillé sur son lit, bien que madame de Maintenon fut présente : « A la manière dont vous me « voyez devant Madame, dit Louis XIV, vous devez penser, mon « frère, ce qu'elle m'est. »

Le changement qui se fit dans la conduite de Louis XIV, depuis qu'il fut soumis à l'influence de madame de Maintenon, parut merveilleux à toute la France, et fut regardé comme providentiel. Quant à madame de Maintenon, son plus grand désir avait été de donner au Roi une piété sincère et élevée ; il lui fut impossible d'y parvenir ; elle ne put que développer en lui une dévotion souvent étroite et mesquine. Madame de Maintenon disait elle-même : « Le Roi ne manquera ni une station, ni une abstinence, mais il ne « comprendra pas qu'il faille s'humilier ni se repentir, et aimer « Dieu plutôt que le craindre; le fond est plein de religion, mais « l'ignorance est extrême. Il croit expier ses fautes, quand il est « inexorable sur celles des autres. »

Il serait difficile, malgré cette fortune inespérée et tenant du prodige, d'envier le sort de madame de Maintenon. On n'a qu'à considérer pour cela, la vie d'abnégation et de dépendance continuelle à laquelle elle dut se soumettre. Quelles luttes elle eut à soutenir, quelle contrainte elle dut s'imposer, combien elle dut avoir de complaisances, d'affection, de prévenances, de soins, à ne pas froisser cette nature hautaine et si prompte à s'irriter : aussi, disait-elle à son frère : « Je n'en puis plus, je voudrais être morte. » — « Quel « supplice, disait-elle une autre fois, d'avoir à amuser un homme « qui n'est plus amusable ! »

Comment croire qu'avec une pareille lassitude d'esprit et au milieu de ce vide affreux dont elle se plaignait tant, madame de Maintenon ait pu avoir la grande influence qu'on lui attribue sur les affaires de l'Etat, elle qui avec tout son esprit et toute son instruction, d'après ses aveux mêmes, n'y entendait rien. D'ailleurs, ne dit-elle pas qu'elle était une personne incapable d'affaires; qu'elle en avait entendu parler trop tard pour y être habile, et qu'elle les haïssait encore plus qu'elle ne les ignorait. Elle ajoutait : « On ne veut pas « que je m'en mêle et je ne veux pas m'en mêler. On ne se cache « pas de moi, mais je ne sais rien de suite et je sais très-souvent « mal avertie. » Du reste, elle n'assista que deux fois en sa vie au Conseil, et s'en retira toute consternée.

« Et d'ailleurs, Louis XIV n'était-il pas trop jaloux de son auto-« rité, pour laisser, même à la personne qui avait toute sa confiance, « une part trop considérable dans le Gouvernement. S'il consulta « madame de Maintenon dans des choses difficiles, s'il lui confia tous « les secrets de l'Etat, tous ses embarras, tous ses ennuis, c'était « chose toute naturelle, puisque le Roi sachant combien elle était « sensée, discrète, réservée et d'un jugement solide, se plaisait à « travailler auprès d'elle, dans sa propre chambre (1). »

Le principal reproche qui a été adressé à madame de Maintenon, est d'avoir provoqué la révocation de l'édit de Nantes. Il est évident qu'elle ne fut pas la cause de cette révocation, fait de l'intolérance générale du siècle. Mais au milieu des contradictions des documents et en l'absence de témoignage précis (2), peut-on dire quelle a été la part personnelle de madame de Maintenon dans l'accomplissement de la révocation de l'édit et de ses déplorables conséquences (3).

Tout porte à croire, au contraire, qu'elle n'en eût pas l'initiative, et que si elle l'approuva, ce fut chez elle défaut de réflexion, et en leurrant de l'espoir qu'on pourrait arriver, sans rigueurs ni violences, par la seule persuasion à la conversion des protestants.

En même temps que des ennemis implacables accusaient madame de Maintenon de tous les malheurs du temps, on avait soin d'oublier ce qu'elle fit d'utile pour la France.

Ne fonda-t-elle pas, en effet, la Maison royale de Saint-Cyr, ne fut-elle pas la cause indirecte, en engageant Racine à composer pour « ses chères filles » des pièces qu'elles pussent représenter devant Louis XIV, de la création d'*Esther* et d'*Athalie*, ces chefs-d'œuvre de notre théâtre religieux en France (4).

Des historiens ont prétendu que l'austérité de madame de Maintenon avait fait succéder une tristesse morne et bigote à la gaieté et à la magnificence de la Cour au temps de la jeunesse du Roi. Ils ont donc oublié la guerre qui vint alors accabler la France,

---

(1) En 1715, madame de Maintenon brûla avec le plus grand soin toutes les lettres que lui avait écrites l'abbé Gobelin, et qui étaient autant de preuves de son mariage.

(2) Cet appartement, dont la distribution a été modifiée sous Louis-Philippe, est occupé aujourd'hui par les salles 1794, 1795. Ce n'est qu'après de laborieuses recherches que M. Le Roi, conservateur de la bibliothèque de la ville de Versailles, est parvenu à retrouver son emplacement. Nous espérons plus tard, si le temps nous le permet, reconstruire d'après les documents existants, la chambre de cette femme célèbre et en donner le dessin, comme complément de ce travail.

(1) Th. Lavallée, *Histoire de la Maison de Saint-Cyr* (page 24).

(2) La partie de la correspondance de madame de Maintenon, relative à cette époque, ne nous est encore connue que par les lettres altérées, publiées par La Beaumelle.

(3) L'excellent ouvrage de Rolhière, sur la révocation de l'édit de Nantes, est encore le guide le plus digne de foi que l'on puisse consulter, sur cette grave et difficile question d'histoire.

(4) *Souvenir d'une leçon de la Sorbonne*, 1857. Saint-Marc-Girardin.

l'État à deux doigts de sa perte, les défaites d'Hochstett, de Ramillies, de Turin, d'Oudenarde, de Malplaquet, la paix si durement refusée, la famine, la misère générale, la ruine absolue des finances, les malheurs domestiques les plus terribles venant coup sur coup frapper Louis XIV, la mort prématurée du Grand Dauphin, de la duchesse de Bourgogne, de son mari, de ses deux enfants!...

Le service le plus incontestable que madame de Maintenon ait rendu réellement à la France, est d'avoir « arraché à une vieillesse « licencieuse, un Roi dont les passions avaient été divinisées, » d'avoir, par sa seule piété, ramené à une vie honnête un Prince qui, jusqu'alors, n'avait écouté que sa volonté et ses caprices quels qu'ils fussent, et imposant le devoir pour frein à ses désordres et à ses scandales, empêché enfin Louis XIV de devenir peut-être Louis XV.

Dès le mois de juin 1715, la santé du Roi avait commencé à s'altérer visiblement, mais comme rien dans ses habitudes n'avait été changé, sa vie ne paraissait pas en danger. Le 14 août il s'alita, et dès-lors la maladie fit des progrès extraordinaires en quelques jours. Madame de Maintenon placée dans la ruelle du lit ne quittait que rarement Louis XIV : Le 26 août, se trouvant seule dans la chambre et à genoux pendant qu'on le pansait, le Roi la pria d'en sortir et de n'y plus revenir, parce que sa présence l'attendrissait trop. Qui n'a retenu les adieux *si touchants* que Louis XIV adressa alors à celle qui fut réellement sa compagne et son amie : « Je ne « regrette que vous, lui dit-il, je ne vous ai pas rendue heureuse ; « mais tous les sentiments d'estime et d'amitié que vous méritez, « je les ai toujours eus pour vous : l'unique chose qui me fâche, « c'est de vous quitter, mais j'espère vous revoir bientôt dans « l'éternité. »

Cependant, malgré les instances du Roi, elle ne quitta pas son chevet. C'est alors que Louis XIV s'adressant au duc d'Orléans lui dit : « Mon neveu, je vous recommande madame de Maintenon. « Vous savez la considération et l'estime que j'ai eues pour elle ; « elle ne m'a donné que de bons conseils, j'aurais bien fait de les « suivre. Elle m'a été utile à tout, mais surtout pour mon salut. « Faites tout ce qu'elle vous demandera pour elle, pour ses parents, « pour ses amis, pour ses alliés ; elle n'en abusera pas... »

Le 28, madame de Maintenon vint dans la chambre du Roi, assez tard dans l'après-dîner, et l'ayant trouvé fort assoupi, sortit sans lui parler et alla coucher à Saint-Cyr, pour y faire ses dévotions le lendemain au matin. Le 29, elle ne quitta pas le Roi. Ce ne fut que le 30, à cinq heures du soir, lorsque Louis XIV, qui toute la journée était resté dans un engourdissement presque continuel et « n'avait quasi plus que la connaissance animale, » que madame de Maintenon partit pour Saint-Cyr « pour n'en revenir « jamais, » après avoir distribué à ses domestiques le peu de meubles qu'elle avait et ses équipages.

On voit dans quel état madame de Maintenon abandonna le Roi. Si elle quitta Versailles avant que Louis XIV eût expiré, ce fut sur les instances de ses amis qui peut-être redoutaient de la voir en butte aux outrages d'une populace qui ne craignit pas, quelques jours après, d'insulter aux restes de Louis XIV. Le maréchal de Villeroy jugea même nécessaire, pour tromper la foule, tant l'exaspération était grande, de lui prêter son carrosse.

Et maintenant, d'après ces nouveaux documents (1) qui réfutent positivement les allégations mensongères de Saint-Simon, sont-ils bien mérités les reproches adressés à madame de Maintenon en cette occasion ! Et d'ailleurs, n'a-t-on pas perdu de vue quelle pouvait-être la situation morale et physique d'une femme de quatre-vingts

---

(1) Tome XVI du *Journal du marquis de Dangeau*, publié par MM. Soulié et Dussieux.

ans, brisée par la douleur et par les fatigues de longues veilles. Bien qu'en disant adieu à ses nièces elle eut formellement déclaré qu'elle ne voulait que personne au monde ne vint la voir à Saint-Cyr, le Régent, la Reine d'Angleterre, la Princesse palatine, le czar Pierre vinrent successivement la visiter et la troubler dans cette solitude, où dès-lors morte pour le monde, elle s'occupa surtout à prier Dieu pour le bonheur de la France et pour celui qui n'était plus.

C'est là, dans sa retraite bien-aimée de Saint-Cyr, qu'elle expira au milieu de ses chères filles, le 15 avril 1719, à cinq heures du soir.

Pour terminer cette rapide exquisse biographique, sur une femme qui, à côté des faiblesses inhérentes à la nature humaine, sut montrer de rares vertus (1), laissons parler madame du Deffant (2) : « Ce matin, j'ai lu une trentaine de lettres de madame de Main- « tenon ; ce Recueil est curieux ; il contient neuf années, depuis « 1706 jusqu'à 1715. Je persiste à trouver que cette femme n'était « point fausse, mais elle était sèche, austère, insensible, sans pas- « sion ; elle raconte tous les événements de ce temps-là, qui était « affreux pour la France et pour l'Espagne, comme si elle n'y avait « pas un intérêt particulier ; elle a plus l'air de l'ennui que de « l'intérêt ; ses lettres sont réfléchies ; il y a beaucoup d'esprit, « d'un style fort simple ; mais elles ne sont point animées, et il « s'en faut beaucoup qu'elles soient aussi agréables que celles de « madame de Sévigné (3) ; elle a tout passion, tout est en action « dans celles de cette dernière ; elle prend part à tout ; tout l'af- « fecte, tout l'intéresse. Madame de Maintenon, tout au contraire, « raconte les plus grands événements où elle jouait un rôle, avec « le plus parfait sang-froid ; on voit qu'elle n'aimait ni le Roi, ni « ses amis, ni ses parents, ni même sa place ; sans sentiment, sans « imagination, elle ne se fait point d'illusion ; elle connaît la valeur « intrinsèque de toutes choses ; elle s'ennuie de la vie et elle dit : « *Il n'y a que la mort qui termine nettement les chagrins et les malheurs*. « Un autre trait d'elle qui m'a fait plaisir : *Il y a dans la droiture « autant d'habileté que de vertu*. »

« Il me reste de cette lecture beaucoup d'opinion de son esprit, « peu d'estime de son cœur et nul goût pour sa personne ; mais « je le dis, je persiste à ne pas la croire fausse. »

Quel que soit le jugement qu'on porte sur madame de Maintenon, son principal titre à l'estime et à l'attention de la postérité, est l'établissement et la direction de la Maison de Saint-Cyr. C'est dans l'éducation de la jeunesse, vers laquelle l'entraînait une vocation naturelle, qu'elle est digne de tout éloge ; c'est par ses entretiens, par ses instructions pour les demoiselles, par ses lettres enfin, qu'elle se mêle au courant littéraire du XVII.e siècle. C'est par là qu'elle échappe à la discussion et possède des droits réels, que l'envie même ne saurait lui contester, à un rang honorable parmi les écrivains illustres et les personnages célèbres de cette époque.

---

(1) Boileau écrivait à Racine, le 9 août 1687... « Vous faites bien de cultiver madame de Maintenon : jamais personne ne fut si digne du poste qu'elle occupe ; et c'est la seule vertu où je n'ai point encore remarqué de défaut. L'estime qu'elle a pour vous est une marque de son bon droit.

(2) Lettre à Walpole, 21 mars 1768.

(3) Ce n'était pas l'opinion de l'Empereur Napoléon. On lit dans le *Mémorial de Sainte-Hélène* (9 septembre 1816) : « L'Empereur est encore revenu sur madame de Maintenon, « qui est sa lecture du moment. Son style, sa grâce, la pureté de son langage me ravissent. « Je me raccommode, dit-il, je suis violemment heurté par ce qui est mauvais, j'ai une sensi- « bilité extrême pour ce qui est bon. Je crois que je préfère les Lettres de madame de Main- « tenon à celles de madame de Sévigné ; elles disent plus de choses. Madame de Sévigné « certainement restera toujours le vrai type ; elle a tant de charmes et de grâces !... Mais « quand on en a beaucoup lu, il ne reste rien. Ce sont des œufs à la neige, dont on peut se « rassasier sans charger l'estomac. »

On inhuma madame de Maintenon dans un caveau que le duc de Noailles fit construire au milieu du chœur. On ne prononça point d'oraison funèbre; les sanglots les plus déchirants, la douleur la plus profonde, les regrets éternels suivirent seuls cette femme, qui fut pleurée de « ses chères filles », comme une mère chérie et adorée !

En 1794, dans les travaux que l'on fit pour approprier la chapelle à sa nouvelle destination d'hôpital militaire, la tombe fut violée. Les ouvriers ayant arraché du cercueil le corps de madame de Maintenon, revêtu de ses habits, ayant encore les parfums avec lesquels on l'avait embaumé, et, « si parfaitement conservé », dit un témoin oculaire, que « ses cheveux nattés autour de son cou, n'étaient ni « blanchis ni mêlés », lui passèrent une corde au cou et la traînèrent ainsi jusqu'au soir dans les rues du village, au milieu des cris et des vociférations d'une populace en délire. A la nuit, on l'abandonna sur le chemin. Un vieux jardinier de la maison put recueillir tout dépouillés, tout mutilés, ces restes reconnaissables encore et les mettre en lieu sûr (1).

En 1802, le directeur du Prytanée, M. Crouzet, fit exhumer les dépouilles mortelles avec une certaine pompe religieuse et les fit ensevelir dans l'ancienne cour verte, en face du logement qu'avait occupé madame de Maintenon.

On y éleva à sa mémoire un monument funèbre, très-modeste, que l'on a respecté jusqu'en 1805. A cette époque, le Prytanée fut converti en École préparatoire, au commandement de laquelle on nomma le général Duteil. L'un des premiers actes de ce général fut d'en ordonner la destruction.

La nouvelle tombe détruite, on mit les ossements dans un petit coffre de bois, fermé d'un simple crochet, qui demeura longtemps à l'Économat de l'École militaire. Parmi ces ossements que l'on montrait aux personnes recommandées, se trouvait une portion du crâne. « Je l'ai touché et montré bien souvent », m'a dit la personne dont je tiens ces détails.

En 1836, après plus de trente ans d'oubli, le colonel Baraguey-d'Hilliers, alors commandant l'École militaire, obtint du Ministre de la Guerre l'autorisation de faire rechercher l'ancien caveau funèbre.

Plusieurs fouilles furent pratiquées en divers endroits de la chapelle, sans résultat. Ce fût sur les indications d'un vieillard, qui avait été vitrier au temps des dames, qu'on parvint à en découvrir l'emplacement. Le cercueil de plomb s'y trouvait encore, la partie supérieure, à demi-repliée sur elle-même, et ne contenant que quelques débris. Le cercueil de chêne qui l'enveloppait était, sauf quelques fragments, réduit en poussière.

On recueillit dans une boîte de bois de chêne, tous ces restes épars (1), si souvent profanés, auquel on joignit une plaque de plomb relatant dans quelles circonstances et de quelle manière s'était opérée l'exhumation. Le tout fut déposé, sans cérémonie religieuse et sans pompe, dans un mausolée occupant la place d'une ancienne chapelle dédiée à sainte Candide (2).

---

(1) La tradition a conservé le nom des misérables qui participèrent à cette horrible profanation. Par égard pour les familles, on doit les taire ici. On peut constater ce fait seulement, c'est qu'ils sont tous morts de mort violente.

---

(1) Ces restes se composent d'un petit morceau de soie blanche, d'un talon de soulier de femme, d'une petite croix d'ébène, quelques aromates, des lambeaux de parchemin et les ossements qu'on retrouva dans le coffre déposé à l'Économat. On y joignit quelques fragments du cercueil de chêne, qui enveloppait le cercueil de plomb.

Le cercueil de plomb, véritable suaire de madame de Maintenon, après être demeuré enfoui dans les magasins, fut remis vers 1840 au plombier de l'École, en échange de plomb neuf.

Une simple dalle de pierre sans inscription indique aujourd'hui la place où fut ensevelie madame de Maintenon.

(2) Th. Lavallée, *Histoire de la Maison de Saint-Cyr*.

L'ÉCOLE IMPÉRIALE SPÉCIALE MILITAIRE DE SAINT-CYR.

Citer quelques faits, donner un extrait des décrets portant création d'Écoles militaires, tel est le but de cette notice. C'est à M. Théophile Lavallée, le savant historien de la Maison de Saint-Cyr, qu'il appartient d'écrire l'histoire complète de l'École militaire ; c'est une tâche qu'il s'est réservée, aussi, nous bornerons nous ici de dire, dans un rapide aperçu, quelles furent les illustres devancières de l'École militaire de Saint-Cyr.

La première pensée d'une école militaire est due à François de La Noue, gentilhomme breton, né en 1531. Dans un traité qui a pour titre : *Discours politiques et militaires*, et que ce brave et malheureux capitaine composa pendant l'une de ses nombreuses captivités. On peut lire, discours cinquième et suivants, relatifs à *la bonne nourriture et institution qu'il est nécessaire de donner aux jeunes gentilshommes françois*, etc.

« C'est une périlleuse institution pour les jeunes gens, que de les
« envoyer aux régiments d'infanterie, à quinze, seize et dix-sept ans ;
« au lieu de se façonner, ils se défaçonnent de tout par les mauvais
« exemples. Pour que les jeunes gens puissent être instruits aux
« bonnes mœurs et exercices honnêtes, avecques plus de commodité,
« moins de péril et plus de fruits, il serait expédient qu'il plût à Sa
« Majesté d'établir en quelques endroits de son Royaume, certains
« lieux destinés pour telles instructions.

« Ces lieux ici s'appelleraient Académies. Ce serait assez pour le
« commencement qu'on en dressât une en quatre endroits du
« Royaume (les plus propres seraient : Paris, Lyon, Bordeaux,
« Angers), et qu'on les établit en quatre Maisons royales, où les Rois
« vont peu ou point ; à savoir, à Fontainebleau, au château de Mou-
« lins, etc.

« Là, s'enseigneraient plusieurs sortes d'exercices, tant pour le
« corps que pour l'esprit. Ceux du corps seraient.... (l'auteur entre
« ici au sujet dans tous les détails des exercices militaires et physiques
« de l'époque, sans oublier la danse même), « encore qu'elle soit vaine,
« d'autant qu'elle apprend à se bien composer et à avoir la grâce
« plus assurée en public. »

« Quant aux exercices de l'esprit, non moins nécessaires que les
« autres, » il ajoute : « ils seront tels, la lecture en notre langue des
« meilleurs livres des anciens, spécialement les histoires, tant an-
« ciennes que modernes, les mathématiques, la géographie, la fortifi-
« cation et quelques langues vulgaires. » La Noue explique avec le plus
grand soin son projet d'organisation, et réfute même les objections
qu'on peut lui opposer.

Toutefois, cette idée n'eut pas de suite. Aucun décret royal ne vint en assurer l'exécution et dut-on attendre jusqu'en 1636. C'est de cette année qu'est daté le premier règlement pour l'organisation d'une École militaire, elle porte le nom d'*Académie royale pour la noblesse*, et a pour fondateur le cardinal Richelieu (1).

Après avoir, dans un préambule pompeux, rendu témoignage au Roi, et déclaré que les lois, munificences et honneurs qu'il tient de Sa Majesté, doivent être employés en dépenses dignes de la mémoire de son règne glorieux ; le Cardinal fait connaître « que jusqu'alors on
« a laissé aucun fonds pour l'entretiennement de la jeune noblesse,
« qui fait particulière profession des armes, dans le désir de donner
« quelque commencement de remède à ce notable manquement, nous
« avons, ajoute-t-il, porté nos pensées et les desseins de notre libéra-
« lité en faveur de la profession militaire.....

« A cet effet, donnons, quittons et délaissons à perpétuité à l'Aca-
« démie royale, établie à notre instance par Sadite M. en la Vieille-
« Rue-du-Temple de cette ville de Paris, la somme de 22,000 livres,
« à la charge de nourrir et instruire à perpétuité, vingt gentils-
« hommes, chacun d'eux pendant deux ans entiers, en tous les exer-
« cices militaires. » Après en avoir réservé la nomination à l'héritier de son nom et de ses armes, il règle les conditions d'admission des élèves. N'y seront nommés : « autres que gentilshommes en l'âge
« de quatorze à quinze ans, bien proportionnés, vigoureux et propres
« à la profession à laquelle ils sont appelés. Pendant les deux années
« qu'ils y demeureront, outre les exercices ordinaires de l'Académie,
« comme de monter à cheval, faire des armes, les mathématiques,
« fortifications et autres, ils seront encore particulièrement instruits :
« ès-principes de physique, métaphysique, logique en langage fran-
« çais et pleinement en la morale ; puis, de la carte géographique,
« de l'histoire universelle des peuples, transmigrations de peuples,
« changements des grands Empires, vices des grands personnages,
« état des principautés modernes, surtout au long de l'histoire
« romaine et française.

« Après deux ans expirés, seront tenus lesdits gentilshommes
« servir le Roy autres deux années dans les régiments de ses gardes
« ou ses vaisseaux, ou autrement selon son bon plaisir. »

On ignore le sort de cet établissement, qui ne fut pas durable et disparut à la mort du Cardinal-Ministre.

Mazarin fit ses efforts pour le rétablir en créant le collège qui porte son nom, et dont les lettres patentes qui en confirment la fondation sont datées de l'année 1665 (1). Malheureusement, il fallait que les nouveaux élèves reçussent une instruction plus spéciale en mathématiques, et ce fut là que vint se heurter le projet du Ministre de Louis XIV. L'Université ne refusa pas son consentement, mais elle ne le donna pas non plus, et elle le prouva bien.

Le projet de la fondation d'une école militaire fut encore ajourné, mais bientôt on le vit reparaître avec Louvois. Cette fois encore il échoua, malgré le désir qu'avait le Ministre de fonder côte à côte de cette grande institution de l'Hôtel des Invalides, de ce grand monument, une institution et un monument parallèles, c'est à dire,
« une école militaire qui serait le berceau de nos hommes de guerre,

---

(1) *Mercure François*, XXI, page 278.

(1) *Recueil général des anciennes lois françaises, depuis l'an 420 jusqu'à 1789*, p. 466.

« comme l'Hôtel des Invalides en était la retraite et le tombeau. » Les dépenses que devait occasionner pour le Trésor l'exécution de ce projet, le firent remplacer par un moyen mixte, la création de neuf compagnies de Cadets dans autant de fortes places frontières... Elles comptaient 4,000 gentilshommes de quatorze à vingt-cinq ans. On leur apprenait les mathématiques, l'allemand, l'escrime, l'équitation et la danse : ces jeunes gens ne purent s'habituer au régime et à la discipline sévères auxquels on les soumettait. Humiliée d'être traitée comme de simples soldats et d'être assujettie aux plus rudes exercices, cette jeune noblesse se mutina;... on usa envers elle d'une extrême rigueur qui n'amena aucun résultat...

A ce sujet, on lit dans le *Journal de Dangeau* : vendredi 15 juin 1684, à Versailles. « Le Roi cassa la compagnie des Cadets de « Charlemont, parce qu'ils s'étaient assemblés séditieusement et « qu'ils avaient fait sauver un des leurs qu'on allait faire mourir « pour s'être battu ; et même dix-sept d'entre eux, non contents « de l'avoir tiré de l'échafaud, l'avaient escorté jusqu'à Namur et « étaient ensuite revenus à Charlemont. On a fait tirer au billet « ces dix-sept, et il y en aura deux passés par les armes. Reveillon, « capitaine de cette compagnie et gouverneur de la place, était « dans son lit, malade, durant toute cette sédition là; les Cadets « seront incorporés dans d'autres compagnies, hormis ceux qui ont « été à Namur conduire le criminel. » En 1693, Louis XIV supprima les compagnies de Cadets, à cause des grosses sommes qu'elles coûtaient et du peu de service qu'elles rendaient. Dès-lors les jeunes gentilshommes qui voulurent embrasser la profession des armes, avant d'acheter une compagnie ou un régiment, se trouvèrent dans l'obligation de passer une année dans l'une des deux compagnies de Mousquetaires de la Maison du Roi.

Le plan de Louvois fut de nouveau repris sous le ministère du duc de Bourbon, en 1724, par le financier Paris Duverney, mais il n'aboutit une seconde fois qu'à la création de nouvelles compagnies de Cadets... Elles eurent les mêmes inconvénients que les précédentes et furent bientôt licenciées; ainsi, dès le début de la guerre de Pologne, voit-on la plus grande partie des jeunes gens recevoir des charges dans l'armée, « Considérant, dit le Roi, que « cet établissement n'est pas nécessaire en temps de guerre, » 22 décembre 1733.

Mais, en cette circonstance, l'organisation de l'École militaire. avait trouvé un rude défenseur qui, malgré les insuccès, ne se découragea pas et ne finit que par sa persévérance, après plus de 15 ans, à faire agréer son projet au Roi. Ce défenseur c'était le financier Paris Duverney, réformateur du système de Law.

Il fit entrevoir à la favorite, madame de Pompadour, quel honneur rejaillirait sur elle si, à l'exemple de madame de Maintenon, au moment de la paix glorieuse d'Aix-la-Chapelle, elle obtenait la création d'un établissement, l'une des grandes institutions de l'Etat; encouragée par le ministre de la guerre d'Argenson, dont elle secondait la politique a la vues, la maîtresse du Roi sut faire mettre au bas du décret la signature royale.

A cet effet, on peut lire dans la *Gazette de France*, du 30 janvier 1751 :

« Il vient de paraître un édit portant création d'une école pour « l'éducation de 500 jeunes gentilshommes dans l'état militaire. Ce « nouveau bienfait du Roi, dont la guerre avait retardé l'exécution « et qu'il s'est plu à diriger lui-même par l'utilité qui en résulte, « excite dans tous les cœurs les sentiments de reconnaissance qui « sont dus à Sa Majesté pour un établissement qui soutient et qui « illustre la noblesse du Royaume, dont le Roi se déclare de plus « en plus le protecteur et le père. »

L'édit est daté du 22 janvier 1751 (Versailles). Son préambule, écrit dans un style large et grandiose, explique la pensée de la création d'un établissement fondé pour les fils de gentilshommes nés sans biens ou morts à la guerre.

L'âge d'admission fut fixé de 8 à 11 ans, à l'exception des orphelins qui pouvaient être reçus jusqu'à 13, « en observant de n'en « point admettre qui ne sachent ni lire ni écrire, de façon que « l'on puisse les appliquer de suite à l'étude des langues. » Les élèves durent faire preuve de quatre quartiers de noblesse du côté paternel au moins, être catholiques, jouir d'une bonne constitution, n'être ni estropiés ni contrefaits. D'après l'article 18, tous les élèves durent porter le même uniforme.

« ART. 19. — Lorsque lesdits enfants seront parvenus à l'âge « de 18 à 20 ans et même dans un âge moins avancé, lorsque leur « éducation sera assez perfectionnée pour qu'ils puissent commencer « à nous servir utilement, notre intention est qu'ils soient employés « dans nos troupes ou dans les autres parties de la guerre, suivant « le talent et l'aptitude que l'on reconnaîtra en eux. »

Il termine ainsi : « Comme preuve de la protection singulière que « nous accordons à ceux de notre noblesse qui auront été élevés dans « l'École militaire,... nous avons cru qu'il était nécessaire de leur « donner une marque distinctive,... qu'ils seront tenus de porter « toute leur vie... (1) » Aux termes du décret on se mit immédiatement à l'œuvre pour construire dans la plaine de Grenelle un hôtel spacieux et monumental pour recevoir les 500 gentilshommes et « tout « ce qui aura part à l'administration de « cette maison. » Sa Majesté Louis XV approuva les plans qui lui furent présentés, mais malgré toutes les diligences faites, les bâtiments ne pouvant être disposés qu'en 1755, on désigna provisoirement le château de Vincennes pour y recevoir incessamment les élèves et les y loger convenablement, en attendant que les nouveaux bâtiments fussent rendus habitables (2).

Mais dans l'état de détresse où se trouvait le Trésor, on avait été forcé, pour subvenir à la dépense de la construction et de l'ameublement de l'hôtel, de mettre un impôt sur les cartes à jouer et de créer une loterie, dont le produit fut consacré à l'entretien de l'École. A ces ressources financières étaient venus s'ajouter les dons particuliers du maréchal de Belle-Isle, etc.; les dépenses annuelles s'élevant à près de quatre millions.

Dans l'*État militaire de France*, de MM. de Montandre, pour l'année 1758, on lit : « École militaire. — L'éducation des élèves comprend « tout ce qui peut contribuer à former un bon chrétien, un militaire « et un homme sociable. On leur apprend la religion, la langue latine « et allemande, l'histoire, la géographie, la partie des mathématiques « relatives à l'état auquel ils sont destinés, les exercices militaires, « l'équitation, l'escrime, la danse. Le secrétaire d'État ayant le dé- « partement de la Guerre, sous les ordres du Roi, la surintendance « de l'hôtel de l'École royale militaire. » Suit la composition du personnel de l'École...

Chaque année avait lieu la sortie des élèves de la manière suivante : On faisait des exercices publics, auxquels étaient obligés d'assister les colonels dont le tour était venu de recevoir des élèves dans leurs régiments. Ils y remarquaient ceux d'entre eux qu'ils désiraient choisir, s'informaient ensuite de leur conduite, de leurs familles, et les demandaient de préférence au Ministre de la Guerre (3). A cet égard on lit dans la *Gazette de France* : « Le comte « de Saint-Florentin, Ministre secrétaire d'État, etc., conféra, dans

---

(1) Ce fut la petite croix de chevalier-novice de Saint-Lazare, qui se portait à la boutonnière avec le ruban de l'ordre (ponceau). *Collection des Ordres de chevalerie*, par PERROT.

(2) *Gazette de France*, Paris, 4 janvier 1755. L'ouverture de l'École militaire se fera le 1.er du mois prochain.

(3) *Mémoires du comte de Vaublanc*, page 25. Voir l'ordonnance du 30 janvier 1761, pour régler la manière dont les gentilshommes élèves de l'École royale militaire seront distribués et employés dans les troupes du Roi.

« l'appartement de Mgr le duc de Berry, grand maître de ces ordres,
« en sa présence, après la célébration de la messe, la petite croix
« de novice à 33 jeunes élèves de l'Ecole royale militaire, après
« un nouvel examen de leurs preuves. Ils avaient l'uniforme des
« différents régiments dans lesquels ils doivent entrer. Les jeunes
« novices furent ensuite présentés au Roi par le maréchal duc de
« Belle-Isle. »

Quand au service intérieur de l'Ecole, il était réglé ainsi qu'il suit : On remettait à chaque officier ou membre du personnel de l'Ecole, ainsi qu'à chaque élève, un règlement très-détaillé, « car « pour bien remplir ses devoirs il faut connaître en quoi ils consis-« tent. » Le règlement des élèves s'exprime ainsi :

« ART. 1.ᵉʳ. — Entre tous les devoirs la subordination tient le « premier rang.

« Une propreté minutieuse est exigée des élèves, soit dans leurs « personnes, soit dans leurs habits... »

« ART. 8. — Les élèves nouvellement arrivés se présenteront « le matin au domestique qui fera leur queue, jusqu'à ce qu'ils « puissent la faire eux-mêmes, et attendront le perruquier qui « leur mettra de la pommade, de la poudre, leur fera deux bou-« cles, et ne mettra point de seconde poudre.... Pour éviter le « désordre et la confusion, les élèves se mettront au rang par « compagnie (1), suivant l'ordonnance militaire. »

Les offices divins se célébraient à peu près comme aujourd'hui; les études devaient être tenues dans le plus grand ordre et faites dans le plus grand silence. Les mouvements se réglaient d'après des coups de cloche... A chaque ligne on trouve les mêmes consignes, peut-être plus sévères, que celles proscrites dans les règlements actuels : classes, interrogations, salle d'armes, équitation, repas, sauf quelques détails insignifiants, avaient lieu de la même manière qu'aujourd'hui. Les récompenses accordées aux élèves consistaient en grades et marques distinctives. Les grades étaient donnés dans l'ordre suivant :

1.ᵉʳ grade, sergent major ;
2.ᵉ   — capitaine ;
3.ᵉ   — lieutenant.

La 1.ʳᵉ marque distinctive était accordée aux élèves les plus méritants, et devant à tour de rôle remplir les vacances des grades : c'était l'épaulette d'argent.

La 2.ᵉ marque distinctive (épaulette ponceau et argent), était réservée à la classe qui suit.

L'épaulette rouge était pour les élèves qu'on peut appeler médiocres.

L'épaulette de bure fut le partage humiliant des paresseux et des mauvais sujets.

Les punitions consistaient en arrêts debout, prison, perte de grade ou de marque distinctive...

La lecture du règlement avait lieu tout les premiers dimanches de chaque mois...

Le 7 août 1764, parut une déclaration par laquelle le Roi, « ayant « reconnu qu'une éducation toute militaire ne pouvait convenir à tous « jeunes élèves, non plus qu'à ceux desdits élèves qui pourraient un « jour se destiner à d'autres professions utiles, forme un premier « établissement et forme un pensionnat au collège de La Flèche (2), « pour y établir lesdits élèves depuis 8 ans jusqu'à 14, et ordonne « qu'après avoir reçu l'instruction commune à tous les états, on « appellerait à l'Ecole militaire ceux qui montreraient des dispositions « pour la profession des armes. »

Malgré les sommes énormes qu'elle coûtait à l'Etat, par son luxe, son personnel, et les abus d'une grande administration, malgré le mauvais vouloir du Ministre de la Guerre, qui en avait la surintendance, l'Ecole subsista jusqu'en 1776. A cette époque, sur la proposition de Saint-Germain, ce Ministre réformateur qui porta sur le luxe et les abus de l'armée une main si vigoureuse, le Roi Louis XVI rendit le décret suivant : « 1.ᵉʳ février 1776. Louis, etc...
« La connaissance réfléchie que nous avons prise de ces différents « objets nous a persuadé qu'un établissement si respectable et « qui fait tant d'honneur à la mémoire de notre aïeul, pouvait « être encore perfectionné, et qu'il deviendrait bien plus utile à « notre noblesse, si les élèves de 1.ʳᵉ classe, étaient distribués dans « plusieurs collèges de plein exercice, situés en différentes provinces « de notre Royaume, où ils seraient plus à portée de leurs familles, « et où ils recevraient la même éducation et la même instruction « que les autres pensionnaires... Cette nouvelle forme améliorant « les revenus de l'Ecole nous permettra d'élever le nombre des « élèves jusqu'à 600, et d'entretenir dans nos régiments au moins « 1,200 cadets-gentilshommes... »

On répartit, le cours du mois suivant, les élèves reconnus aptes à l'âge de 14 à 15 ans dans les Cadets. La vente de l'hôtel, maison, terrains et dépendances, fut décidé, pour en être « les de-« niers employés à l'acquittement des dettes de l'Ecole (1). » Le 28 mars 1776, un règlement spécial donna la disposition et la formation des *nouvelles écoles militaires*.

« TITRE 1.ᵉʳ. — ..... Ces collèges porteront le nom d'Ecole royale « militaire sur la porte principale d'entrée. Les dix maisons que Sa « Majesté a honorées de son choix, sont Sorrèze, « Brienne, Tiron, Rebais, Pont-le-Voy, Vendôme, Effiat, Pont-« à-Mousson, Tournon, Beaumont ; » la direction en fut confiée à des religieux bénédictins, oratoriens et minimes.

Les élèves furent astreints à porter le même uniforme.

Les examens eurent lieu le 1.ᵉʳ au 15 septembre, au collège de Brienne, en Champagne, « qui se trouve le plus au centre du « royaume, » en présence de l'Inspecteur général et du sous-inspecteur des nouvelles écoles, aidés de deux examinateurs, gens de lettres. On répartissait les élèves admis, dans l'infanterie, la cavalerie et les dragons, suivant leur disposition. Ils eurent, comme marque distinctive, la croix de chevalier-novice de Saint-Lazare, telle que l'avaient les élèves de l'ancienne Ecole militaire.

Ceux qui avaient fait le plus de progrès en mathématiques ou en dessin étaient envoyés à l'école de Mézières ou à celle de La Fère ; après s'être perfectionnés dans des études relatives au génie ou à l'artillerie ; les élèves ayant subi les examens ordinaires, étaient nommés ingénieurs ou sous-lieutenants d'artillerie ou du génie.

L'instruction fut la même qu'à l'Ecole militaire de Paris, seulement la pratique et les exercices militaires y furent plus négligés et absorbés en partie par des études ecclésiastiques ou philosophiques.

C'est dans le collège de Brienne que, deux ans plus tard, le 23 avril 1779 (2), Napoléon Bonaparte entra à l'âge de 10 ans. Ce fut par l'entremise du comte de Marbœuf, qui l'appuya chaudement, que Charles Bonaparte obtint pour son fils cette nomination et une bourse à l'Ecole militaire. En moins de quatre ans, il devint le premier élève de l'Ecole de Brienne. Bientôt, il ne fut plus question que de lui dans l'Ecole. La bienveillance de la Maison de Brienne, à qui il avait été particulièrement recommandé par l'Archevêque de Lyon, lui valut celle de toute l'École ; autant il avait souffert au commencement des mauvais

---

(1) L'École était divisée en quatre compagnies.
(2) Cette ville avait été dotée d'un collège en 1607, par le roi Henri IV.

(1) Louis XVI recula devant la profanation de l'œuvre de son aïeul, et l'hôtel ne fut pas vendu.
(2) *Histoire de la Jeunesse de Napoléon*, T. NASICA.

traitements de la part de ses condisciples et des procédés peu bienveillants de ses maîtres, qui n'avaient pas su comprendre cette nature exceptionnelle, autant alors (1) il fut l'objet d'égards et de sympathie pour tous.

Peu de temps après la suppression de l'École militaire de Paris, les intrigues des courtisans avaient fait sortir Saint-Germain du Ministère de la Guerre. Louis XVI cédant alors à d'autres influences et à d'autres conseils, rendit le décret suivant :

« Fontainebleau, 18 octobre 1777. — Une compagnie de Cadets
« gentilshommes sera créée et établie dans l'hôtel de l'École royale
« militaire ; sur la proposition de l'Inspecteur général au Ministre
« de la Guerre, nos élèves des Écoles militaires provinciales, réunis-
« sant les conditions d'âge (14 ans au moins) et d'aptitude,
« seront placés dans ladite Compagnie et entretenus aux frais de
« Sa Majesté. »

Après deux ans d'instruction militaire, les élèves étaient dirigés comme officiers dans les divers corps de l'armée, même dans l'artillerie et le génie. En 1682, l'Inspecteur général de Keralio, malgré l'opposition des professeurs, porta le jeune Napoléon Bonaparte sur sa liste d'admission à l'École militaire de Paris. Cependant, il n'eut pas le temps d'accomplir ses projets. M. de Regnault, son successeur, eut le bon esprit de suivre les intentions de son devancier, et le 22 octobre 1784, le marquis de Timbrune, inspecteur général des Écoles royales militaires, recevait de Louis XVI la lettre suivante :

« Ayant donné à Napoléon de Buonaparte, né le 15 août 1769,
« une place de cadet-gentilhomme dans la Compagnie de Cadets-
« Gentilshommes établie en mon École royale militaire ; je vous
« écris cette lettre pour vous dire que vous ayez à le recevoir, et
« faire reconnaître en ladite place de tous ceux et ainsi qu'il
« appartiendra ; et, la présente n'étant pour autre fin, je prie Dieu
« qu'il vous ait, Monsieur le marquis de Timbrune, en sa Sainte
« Garde. »

Moins d'un an après, le 1.er septembre 1785, le jeune Bonaparte était nommé lieutenant en second de la compagnie de bombardiers d'Autun du régiment de La Fère, du Corps royal d'artillerie (2).

Les abus s'introduisirent bientôt ; les conditions d'admission prescrites ne furent pas suivies ; le nombre des élèves fixé d'abord à deux cents, s'éleva insensiblement jusqu'à sept cents. Les dépenses s'accrurent outre mesure, dépassèrent le budget établi. Le Trésor ne pouvant plus subvenir à ces frais excessifs, l'École militaire fut encore une fois supprimée au mois d'octobre 1787, et les élèves dispersés de nouveau dans les collèges provinciaux dont le nombre s'était augmenté de deux, les Écoles militaires d'Auxerre et de Dôle. Après être demeurés quelque temps inoccupés, on voulut, comme à Saint-Cyr, convertir en hôpital les bâtiments de l'École militaire de Paris, mais la révolution ayant éclaté, le décret de 1793, qui amena la suppression de toutes les institutions de l'ancien régime, donna bientôt une autre destination à l'École militaire, destination qu'elle a gardée depuis, celle de caserne et de quartier de cavalerie.

Cependant, il fallait remplacer par des institutions nouvelles, les institutions détruites de l'ancien régime. Dans le plan d'organisation de l'armée républicaine, Carnot forma le projet de fonder de nouvelles Écoles militaires, mais le Gouvernement n'eut pas le loisir d'y donner suite. Le 1.er juin 1794 (13 prairial, an II), Barrère proposa à la Convention la création d'une École de Mars, où « 3,000 jeunes
« gens pris parmi les sans-culottes appartenant à l'armée, recevront
« les leçons de la frugalité. »

---

(1) Un seul, le P. Patrault eût toute sa confiance. — *Histoire de la jeunesse de Napoléon*, par T. Nasica.
(2) T. Nasica.

Ce ne pouvait être qu'un établissement momentané. Organisation, instruction militaire, instruction civile, exercices, costume, tout fut emprunté par ces farouches républicains, aux républiques anciennes de Rome et de Sparte. Cette École fut établie dans les plaines des Sablons et une partie du bois de Boulogne. Les élèves formèrent un camp partagé en quatre divisions (artillerie, cavalerie, fusiliers, piquiers), et durent coucher sous la tente ; dans des baraques en planches, on plaça l'hôpital, l'arsenal, les écuries. Un vaste hangar fut la salle d'étude. Ce fut là, que pour former les élèves aux vertus républicaines, au pied d'une statue de la liberté, Robespierre, Lebas, Saint-Just, vinrent haranguer, cette ardente jeunesse, et exalter leur patriotisme. Ces discours, sauf quatre heures employées à l'étude de la langue française, de l'administration des troupes, de la fortification passagère, formèrent la base de l'instruction civile. Le reste du temps était entièrement consacré aux exercices militaires. Une musique fournie par l'institut national, exécutait des airs guerriers aux élèves ; lorsque le canon du matin donnait au camp le signal du réveil, on entendait sortir de trois mille poitrines en forme de prière, cette hymne de Méhul et Chénier :

Père de l'Univers, suprême intelligence, etc.

L'École de Mars fut le principal ornement des fêtes républicaines. ce fut là toute son utilité, tout son service. Au 9 thermidor, quand Robespierre, Couthon, Saint-Just et leurs partisans, mis hors la loi par la convention et s'intitulant Comité d'exécution, dictaient à l'Hôtel-de-Ville cette célèbre proclamation au peuple :

« Courage ! patriotes de la section des piques, le comité triomphe… » l'École de Mars ne sut pas voler au secours de ses fondateurs, et dociles à la voix des Députés de la Convention, se rangèrent sur la terrasse du manège, où ils demeurèrent immobiles, pendant que s'accomplissait la scène la plus terrible du drame dont le dénouement devait être pour les vaincus la place de la Révolution. Malgré cette défection à ses chefs (1), dans la séance du 12 thermidor, Tallien ne craignit pas de dire :

« Citoyens, toute votre attention doit se porter sur l'École de
« Mars. Il résulte des pièces recueillies, qu'on avait voulu réunir là
« une armée de séides pour servir les tyrans qui viennent d'être
« anéantis. Les instituteurs de cette École sont des ci-devants gardes
« du Roi. Il faut que les instituteurs de cette pépinière de héros,
« l'espérance de la patrie soient d'honnêtes pères de famille. Je
« demande que les deux Comités soient tenus de procéder ce
« jour, à l'épurement des instituteurs de l'École de Mars (2.) »

Par décret du 4 brumaire, an II (25 octobre 1794), l'École de Mars fut dissoute. Ce fut Guyton de Morveau qui fut chargé de présenter au nom du Comité du salut public, le rapport, dans lequel il déclare que « l'établissement du camp des
« Sablons ne pouvait être que temporaire et propre seulement à
« initier les jeunes citoyens au métier des armes. »

La Convention oublia les Écoles militaires, et c'était chose toute naturelle ; qu'était-il besoin d'une instruction spéciale quand, sur le champ de bataille, dans quatorze armées armées que la République avait sur pied, tant de volontaires partis le sac au dos, avaient si glorieusement conquis le grade d'officier.

Le Prytanée, dont nous avons parlé déjà, fut un retour vers le passé ; mais le système d'éducation républicaine ne fut entièrement

---

(1) Le général Labretèche, qui avait reçu quarante coups de sabre à Jemmapes, connu par ses dispositions hostiles à la Convention, ayant voulu entraîner les élèves de l'École de Mars qu'il commandait au secours de la Commune de Paris à l'Hôtel-de-Ville, avait été destitué sur-le-champ et remplacé dans son commandement par Barras.

(2) *Moniteur*, page 1289. — *Souvenirs de l'École de Mars*, par L. Langlois, du Pont-de-l'Arche.

détruit qu'après la bataille de Marengo, par le décret consulaire du 11 floréal, an X (1.er mai 1802).

Loi sur l'instruction publique.

« Au nom du peuple français, Bonaparte, premier consul, proclame loi de la République le décret suivant :

« TITRE 1.er. — L'instruction sera donnée dans des Ecoles primaires secondaires, dans des Lycées et des Ecoles spéciales entretenues aux frais du Trésor public. »

TITRE VI. — *De l'Ecole spéciale militaire.*

« Il sera établi, dans une des places fortes de la République, une Ecole spéciale militaire, destinée à enseigner à une partie des élèves sortis des Lycées, les éléments de l'art de la guerre.

« Elle sera composée de cinq cents élèves formant un bataillon.

« Les élèves seront accoutumés au service et à la discipline militaires.

« Le Gouvernement, sur le compte qui lui sera rendu de la conduite et des talents des élèves de l'Ecole spéciale militaire, pourra en placer un certain nombre dans les emplois de l'armée, qui sont à sa nomination.

« Elle sera comprise dans les attributions du Ministère de la Guerre. »

Cette loi fut suivie de l'arrêté suivant :

Arrêté portant organisation de l'Ecole spéciale militaire, 8 pluviose, an XI (28 janvier 1803). (*Bulletin des Lois*, n.° 2,274).

« Le Gouvernement de la République, sur le rapport du Ministre de l'Intérieur, vu la loi du 11 floréal, an X,

« ARRÊTE CE QUI SUIT :

« CHAP. 1.er. — ART. 1.er. — L'Ecole spéciale militaire sera placée à Fontainebleau.

« ART. 2. — Les élèves de l'Ecole militaire sont soldats, et leurs services datent du jour où ils sont admis à l'Ecole du bataillon.

« CHAP. 2. — *Conditions d'admission* : 16 ans au moins, 18 ans au plus, une bonne constitution, avoir fait sa troisième, savoir l'arithmétique et la géométrie, écrire et parler correctement la langue. Les candidats subiront un examen à cet effet.

« CHAP 3. — Il y aura un gouverneur de l'Ecole spéciale militaire, etc. »

Le gouverneur de l'Ecole militaire fut d'après le Sénatus-Consulte organique du 28 floréal, an XII (18 mai 1804), le Connétable. (c'était une des grandes dignités de l'Empire qui en comprenaient six).

Son Altesse Impériale le Prince Louis Bonaparte, fut nommé par décret de la même année.

L'organisation intérieure de l'Ecole de Fontainebleau fut la suivante :

« ART. 7. — Les élèves formeront deux bataillons divisés en neuf compagnies, dont une d'élite. Chaque compagnie sera commandée par des sous-officiers comme dans un bataillon d'infanterie.

« Les sous-officiers seront pris parmi les élèves.

« *Instruction militaire*. — Les élèves feront l'exercice avec des fusils de munition, sans aucun allégement. Chaque élève, six mois qui suivront son admission, doit être mis en état d'instruire ceux qui arriveront. Au bout d'un an, les élèves doivent avoir le ton du commandement, de manière à commander le maniement des armes et toutes les évolutions à une division. Au bout de deux ans, ils devront pouvoir commander le bataillon, tant pour le maniement que pour les évolutions. Une fois par mois, les deux bataillons feront l'exercice à feu. Ils auront, en automne de grandes manœuvres, où ils feront toutes les évolutions pendant cinq jours consécutifs. Ils devront pendant les deux ans apprendre à connaître les manœuvres d'artillerie, les applications de la fortification passagère, l'entretien des armes, l'équitation ; l'été, ils iront faire des levés topographiques ; on leur apprendra à nager.

« ART. 13. — Le bataillon fera le service de police de l'Ecole, de manière qu'au moins tous les mois chaque élève soit de garde. La discipline, les punitions, les rapports, la police, la tenue, les inspections se feront comme dans un bataillon ; il y aura des corvées de chambres. Les élèves seront placés par chambrées, mangeront à la gamelle et feront eux-mêmes leur cuisine. Ils auront du pain de munition, iront au bois, aux provisions, avec cette différence qu'au lieu d'aller au marché , ils iront chez l'économe.

« ART. 14. — Les promenades auront lieu avec armes et bagages, suivant l'ordonnance, au moins une fois par mois ; les élèves emporteront le pain pour quatre jours, et feront six lieues de 2,500 toises, d'une haleine. »

L'instruction scientifique ne répondait pas à cette instruction militaire si variée, si complète. Les cours étaient fréquents, mais très-médiocrement faits. Ils portaient sur l'histoire, la géographie, la topographie, la fortification... Les chefs eux-mêmes les regardaient comme accessoires et secondaires... Aussi l'Ecole impériale ne fut-elle renommée que par l'habileté et la précision de ses manœuvres, son excellente tenue, son bon esprit. Quant au régime intérieur, il était dur, sévère, d'une rigueur extrême ; toute sortie était interdite... (1) Les élèves aigris, las d'être continuellement en présence les uns des autres, se prenaient de querelle pour le moindre motif. Chaque année les duels causaient la mort à cinq ou six élèves.

Le général Bellavène, l'un des plus beaux officiers de l'armée de Moreau, reçut de l'Empereur le commandement de l'Ecole.

L'Empereur visitait souvent l'Ecole à l'improviste, faisait commander les élèves, et d'après les rapports rendus sur leur compte, les nommait sous-lieutenants.

Dès son avènement à l'Empire, Napoléon avait donné à l'Ecole un drapeau avec cette inscription d'un côté :

« *L'Empereur des Français aux Elèves de l'Ecole impériale spéciale militaire.* »

De l'autre côté :

« *Ils s'instruisent pour vaincre.* »

Cette école n'était pas pour lui seulement une pépinière de bons officiers, c'était aussi un moyen de gouvernement : chaque année dans les pays nouvellement réunis à l'Empire, l'Empereur nommait élèves de l'Ecole militaire les fils des principales familles.

En 1808, ayant voulu faire restaurer pour son usage le château de Fontainebleau, l'Empereur ordonna que l'Ecole militaire fût transférée à Saint-Cyr. Son organisation varia peu. Seulement le système d'études fut plus large et mieux ordonné ; enfin, le voisinage de Paris, les visites fréquentes de l'Empereur, la firent connaître et lui donnèrent une espèce de popularité.

Les désastres de 1812 forcèrent Napoléon à épuiser l'Ecole de presque tous ses anciens élèves. Il n'y resta que des conscrits, recrutés difficilement, peu instruits, empreints comme toute la France de tristesse et de lassitude. Le général Bellavène dont l'activité, l'intelligence, la fermeté, l'économie, avaient contribué pour la plus grande part à lui donner de l'éclat, nommé Inspecteur général, fut remplacé dans son commandement par le général Meunier.

(1) Il en fut de même à Saint-Cyr, lorsque l'Ecole y fut transférée. Voir *Souvenirs de l'Ecole militaire*, par M. Montalant-Bougleux (1812).

Ce n'est pas ici la place de dire quelle part l'Ecole militaire prit dans les divers événements politiques que la France eut à traverser; seulement on peut constater ce fait qui prouve si énergiquement l'utilité d'une pareille institution, c'est qu'à tous les décrets de licenciement ont succédé des décrets de prompte réorganisation, ayant pour objet d'en modifier l'esprit et de l'approprier au nouvel ordre des choses, mais nullement d'en changer la destination.

C'est ainsi que licenciée le 30 juillet 1814, elle est rétablie, puis dissoute de nouveau en 1815, pour être réorganisée quelques jours après sur le modèle de l'Ecole de Louis XV (1).

Pendant les Cent Jours, l'Ecole fut rétablie à Saint-Cyr par ordre de l'Empereur, sous le commandement de son ancien général Bellavène. Après la bataille de Waterloo l'Ecole fut dissoute...

Les bâtiments de Saint-Cyr furent occupés par une petite école préparatoire, sous les ordres du général d'Albignac; elle y demeura jusqu'au 1.er octobre 1818.

Le 10 mars 1818 fut promulguée la nouvelle loi de recrutement, présentée aux chambres par le Ministre de la Guerre, le maréchal Gouvion Saint-Cyr...

---

(1) Toutefois, elle demeura provisoirement à Saint-Cyr, en attendant que l'ancienne Ecole de Paris fut disposée pour recevoir les élèves.

« ART. 27. — Nul ne pourra être officier s'il n'a servi deux
« ans comme sous-officier ou s'il n'a suivi pendant le même temps
« les cours et exercices des Ecoles spéciales militaires, et s'il n'a
« satisfait aux examens de sortie desdites écoles. »

Le 10 janvier 1818, parut l'ordonnance du Roi régiant l'administration et le service intérieur des Ecoles royales militaires (1).

Instruction civile, militaire, religieuse; personnel; inspection; examens d'admission et de sortie, sauf les modifications de détails, l'Ecole fut réglementée et réorganisée sur les bases d'aujourd'hui.

Depuis, bien des ordonnances vinrent successivement apporter quelques changements, soit aux conditions d'admission, soit aux conditions de sortie, au personnel de l'Ecole, etc. Les deux derniers décrets datent du 30 août 1850 et du 30 septembre 1853. Le décret du 30 septembre 1853 prescrit à Saint-Cyr l'organisation d'une section de cavalerie (2).

---

(1) Cette ordonnance, bien qu'antérieure à la précédente, n'avait pu recevoir son exécution à cause de l'ancienne loi de recrutement, encore en vigueur.

(2) Sous Louis-Philippe, l'uniforme des élèves fut le même que celui de l'armée... Par décret du 2 mars 1845, l'uniforme de l'infanterie ayant été définitivement réglé, celui des élèves fut modifié et devint à peu près ce qu'il est aujourd'hui.

— FIN. —

ÉCOLES MILITAIRES

LA PROMENADE DANS LE PARC
(Élèves d'Infanterie)

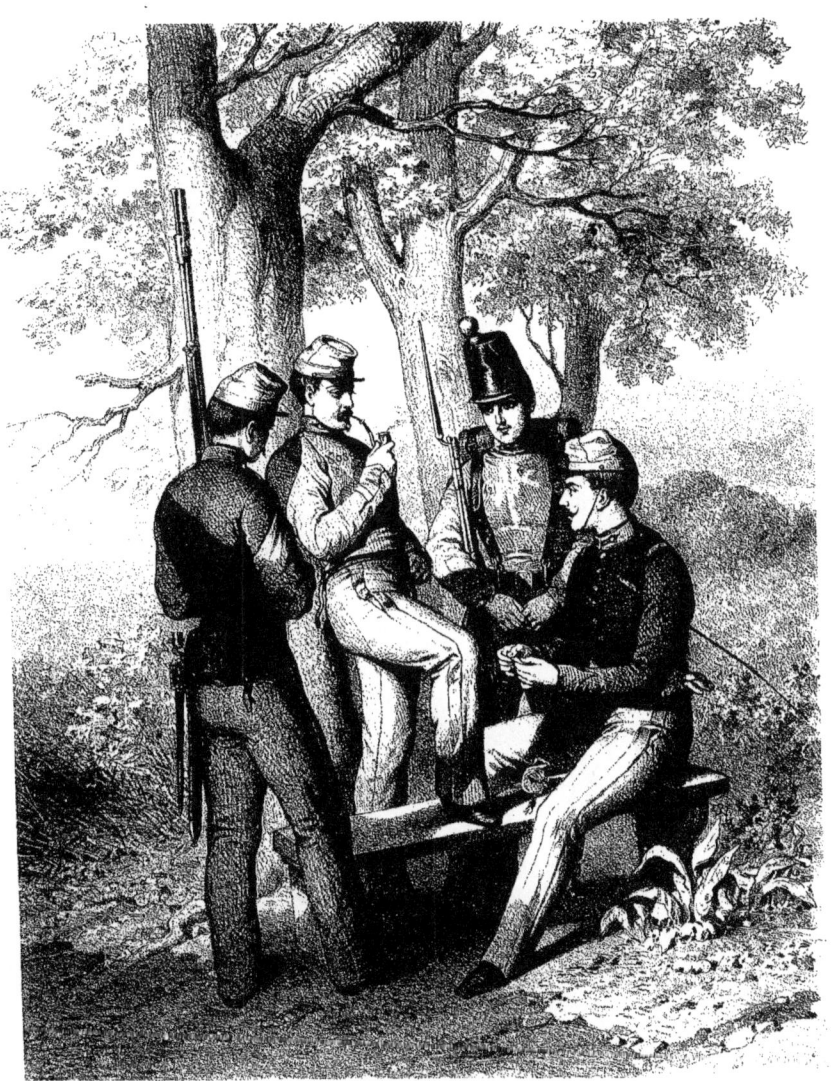

LA COUR DE WAGRAM

LE DÉPART

www.ingramcontent.com/pod-product-compliance
Lightning Source LLC
Chambersburg PA
CBHW070717050426
42451CB00008B/683